MARC REKLAU

Hábitos que cambiarán tu vida

Algunos pasos simples para
crear la vida que deseas

Liberty Spark

Índice

Agradecimientos

Quiero dar gracias a mi mujer Dalia por amarme como soy, por ser inteligente y por apoyarme al 100%, lo que ha hecho posible mi cambio y este libro.

Gracias a mi padre Siegfried (RIP) quien, a su manera, me ayudó a convertirme en la persona que soy. A mi madre Heidi por haberme dado el libro que cambió mi vida hace unos 25 años, por enseñarme valores y por dejarme ir, sin chantaje emocional, cuando tenía que seguir mi corazón la primera vez y cada vez. Mi abuela por ser una de mis mejores amigas, proporcionándome refugio cuando lo necesitaba. Mi primo Alexander Reklau, quien, cuando teníamos 16 años, me dijo palabras muy sabias que desde entonces forman parte de mi historia y que probablemente me han salvado: "Mi padre ha hecho con su vida lo que él quería, yo haré con mi vida lo que yo quiera". Me acordé de estas palabras dos años más tarde, después de enterrar a mi padre, y decidí vivir siempre según ellas desde entonces.

A mis amigos Pol e Inma por dejarme quedar en su casa en la isla mágica de Ibiza. Un lugar maravilloso para que los jugos creativos fluyan.

A Marc Serrano i Òssul, quien me ayudó a afinar el libro.

A mi amigo y mentor Stefan Ludwig, quien me proporciona su consejo desde hace más de 10 años. A mis amigos Claudio y Christian, que siempre están. A Sabrina Kraus, Mari Arveheim y Marc Serrano i Òssul por su feedback mientras he estado escribiendo. A mi propio coach Josep Anguera, quien, con sus habilidades, me ayudó a salir de mi zona de confort después de 5 años de estancamiento. A Talane Miedaner: su libro *Coach yourself to success* (Coaching para el éxito) fue mi primer contacto con el coaching, y la aplicación de algunos de los trucos que menciona en él ha cambiado mi vida de arriba abajo.

Gracias a todos mis clientes por vuestra confianza, por dejarme formar parte de vuestro crecimiento y por darme la oportunidad de crecer con vosotros.

Gracias a mis formadores y compañeros del Instituto Europeo de Coaching. Qué viaje más fantástico.

Finalmente, gracias a todo el mundo que he encontrado en el camino. Habéis sido un amigo o un profesor, o ambas cosas.

Introducción

"Si crees que puedes, tienes razón;
si crees que no puedes, tienes razón"
Henry Ford

Mira a tu alrededor. ¿Qué ves? ¿Qué tal el ambiente y las personas que te rodean? Piensa en tus actuales condiciones de vida: el trabajo, la salud, los amigos, las personas que te rodean. ¿Qué aspecto tienen? ¿Estás contento con lo que ves? Ahora mira dentro de ti. ¿Cómo te sientes ahora mismo, en este momento? ¿Estás satisfecho con su vida? ¿Estás deseando más? ¿Crees que puedes ser feliz y exitoso? ¿Qué falta en tu vida para llamarla feliz o exitosa? ¿Por qué algunas personas parecen tenerlo todo y, los demás, nada?

La mayoría de la gente no tiene idea de cómo consigue lo que consigue. Algunos de nosotros simplemente echamos la culpa a la suerte y al azar. Siento tener que ser yo el que te diga: "Lo siento, amigo. Tú has creado la vida que tienes. Todo te lo que te sucede es creado por ti, ya sea por diseño consciente o inconscientemente, de forma predeterminada. No es un resultado de la suerte o las circunstancias".

Me decidí a escribir este libro porque estoy viendo a muchas personas que están perdidas, que están soñando mejorar su vida, ser más felices, hacerse ricas, pero que, según ellas, la única manera de que esto suceda sería algún tipo de milagro: ganar la lotería, casarse con alguien rico o algún otro golpe de suerte. Están buscando influencias externas que ocurren por casualidad y lo cambian todo. Piensan que la vida les pasa. La mayoría de ellos no tienen ni idea de que pueden lograr el control total de su vida —de cada momento y cada día de su vida. Así, continúan soñando despiertos, haciendo las cosas que siempre han hecho, y esperando algún resultado milagroso. A veces, en realidad, ni siquiera saben lo que quieren.

La siguiente es una conversación que tuve con alguien:

P: "¿Qué harías si tuvieses suficiente dinero y tiempo?"

R: "Hombre. Eso sería fantástico. Sería feliz."

P: "¿Y qué significa 'ser feliz' para ti? ¿Qué pinta tendría?"

R: "Haría todo lo que quiero hacer."

P: "¿Y qué es 'todo lo que quieres hacer'?"

R: "¡Uff! Ahora me has pillado. Me he quedado en blanco. ¡Ni siquiera lo sé!"

La verdadera tragedia es que, si solo se detuviesen por un momento, se preguntasen lo que realmente quieren en la vida, escribiesen sus objetivos y empezasen a trabajar por ellos, podrían realmente conseguir estos milagros. Lo veo día a día con mis clientes de coaching: personas que vinieron a mí porque quieren cambiar algo en sus vidas y, en vez de sentarse a esperar y soñar con una vida mejor, cogen el asunto con sus propias manos y comienzan a tomar medidas. Y los resultados son maravillosos.

Acuérdate: estás viviendo la vida que has elegido. ¿Cómo? Porque creamos nuestra vida cada momento a través de nuestros pensamientos, creencias y expectativas, y nuestra mente es tan poderosa que nos dará lo que le estamos pidiendo. Lo bueno es que puedes entrenar tu mente para que te dé solo lo que quieres y no las cosas que no quieres. Y la cosa se pone aún mejor: puedes aprender a lidiar con las cosas que no se pueden controlar de una manera más eficiente y menos dolorosa.

He estado estudiando los principios del éxito y la forma de alcanzar la felicidad durante casi 25 años. Lo que siempre inconscientemente sabía se convirtió en un método estructurado utilizando las herramientas y ejercicios del coaching. Más que nunca, estoy convencido de que el éxito puede ser planeado y creado. Para los escépticos que piensan que todo esto son tonterías metafísicas, basta con ver el enorme progreso hecho por la ciencia en este campo. Hoy en día se pueden probar muchas cosas que, hace apenas 25 años, solo se podían creer sin ser probadas. El mensaje más importante de este pequeño libro es: **tu felicidad depende de ti y de nadie más.**

En este libro, quiero presentarte algunos consejos, trucos y ejercicios probados que pueden mejorar tu vida más allá de tu imaginación si los vas practicando constantemente y persistes. Más buenas noticias: no necesitas ganar la lotería para ser feliz. Puedes empezar por hacer pequeñas cosas en tu vida de manera diferente de un modo constante y consistente y, con el tiempo, los resultados se mostrarán. Así es como mis clientes de coaching logran resultados increíbles: creando nuevos hábitos y trabajando para lograr sus metas consistentemente, haciendo cosas que les acercan a ellas todos los días. ¡Es posible! ¡Puedes hacerlo! ¡Te lo mereces!

Sin embargo, solo leer el libro no te va a ayudar mucho. Tienes que entrar en acción. Esa es la parte más importante (también es la parte contra la que luché mucho durante muchos, muchos años). Tienes que empezar a hacer y practicar los ejercicios e ir introduciendo nuevos hábitos en tu vida. Si tienes mucha curiosidad, lee todo el libro una vez con un bolígrafo o un lápiz y un cuaderno en la mano para tomar notas si lo deseas. A continuación, lee el libro por segunda vez —éste es el momento de la verdad—; ahora empezarás a hacer algunos de los ejercicios e introducirás nuevos hábitos en tu vida.

Si haces los ejercicios[1] en este libro de manera regular y consistente, tu vida va a cambiar para mejor. Expertos en el campo de las enseñanzas de éxito, del coaching y de la programación neurolingüística están de acuerdo en que se tarda de 21 a 30 días a implementar un nuevo hábito. Treinta días que pueden marcar la diferencia en tu vida. Treinta días trabajando en ti mismo y tus hábitos consistentemente pueden cambiarlo todo o, como mínimo, te pondrán en una mejor posición. Al menos pruébalo. Practica algunos de los ejercicios durante al menos 30 días. Haz los que te parezcan fáciles. ¡Tiene que ser divertido!

Si no te funciona, escríbeme un correo electrónico con tu queja a marc@marcreklau.com.

También te proporciono unas hojas de trabajo en mi página web www.marcreklau.com. Descárgatelas y, sobre todo, ¡diviértete!

---

[1] Al final del libro encontrarás varias páginas que puedes usar para escribir los ejercicios.

1

Reescribe tu historia

"Cambia tu forma de ver las cosas y las cosas que ves cambiarán."
Wayne W. Dyer

La primera vez que tuve contacto con esta idea fue hace casi 25 años, durante la lectura del libro de Jane Robert, *Seth habla*. Seth dice que eres el escritor, director y actor principal de tu historia. Así que, si no te gusta cómo va la historia… ¡cámbiala! En ese momento me pareció que es una idea reconfortante, le di una oportunidad y he vivido guiado por esa idea desde entonces, en los buenos y malos momentos. No importa lo que sucedió en tu pasado. Tu futuro es una hoja en blanco. Puedes reinventarte. Cada día trae consigo la oportunidad de comenzar una nueva vida. Tienes la oportunidad de elegir tu identidad en cada momento. Entonces, ¿quién vas a ser? Todo depende de ti para decidir quién vas a ser a partir de hoy. ¿Qué vas a hacer?

Si haces algunas de las cosas sugeridas en este libro, si creas nuevos hábitos, y si haces solo algunos de los muchos ejercicios que encontrarás aquí, las cosas empezarán a cambiar. No va a ser fácil y se necesita disciplina, paciencia y persistencia. Sin embargo, los resultados vendrán.

En 2008, cuando el entrenador del FC Barcelona, Pep Guardiola, se hizo cargo del equipo, que estaba en un estado desolado, en su discurso inaugural les dijo a las 73.000 personas presentes en el estadio y a los millones de espectadores de televisión: "No os podemos prometer títulos, lo que podemos prometer es esfuerzo y que vamos a persistir, persistir, persistir hasta el final. Abróchense los cinturones, que nos vamos a divertir." Este discurso inició el período más exitoso en los 115 años de historia del club, y muchas personas piensan que jamás se podrá repetir. El equipo llegó a ganar tres campeonatos nacionales, dos copas nacionales, tres Supercopas de España, dos Supercopas de Europa, dos Ligas de Campeones y 2 Campeonatos Mundiales de Clubes en sus cuatro años de dominación del fútbol mundial. **Reescribieron su historia.**

Ahora te toca a ti. Haz un esfuerzo y persiste, persiste, persiste. No te rindas. ¡Abróchate el cinturón y diviértete!

2
Autodisciplina y compromiso

"Fue el carácter el que nos sacó de la cama,
el compromiso lo que nos hizo pasar a la acción
y la disciplina la que nos permitió seguir adelante."
Zig Ziglar

"Si no puedes hacer grandes cosas,
haz cosas pequeñas de una gran forma."
Napoleon Hill

Este es uno de los primeros capítulos porque su aplicación será la base de tu éxito en el futuro. Tu camino hacia el éxito y la felicidad está profundamente conectado con tu fuerza de voluntad y tu compromiso. Estos rasgos de carácter decidirán si haces lo que dijiste que harías y si lo llevas hasta el final. Te mantendrán orientado hacia tus metas, incluso cuando todo parezca ir en tu contra.

La autodisciplina es hacer las cosas que hay que hacer incluso si no estás de humor para ello. Si entrenas para ser autodisciplinado y tienes la voluntad para tener éxito, puedes hacer grandes cosas en tu vida. Pero, incluso si no tienes la más mínima autodisciplina ahora mismo, no te preocupes, puedes comenzar a entrenar tu autodisciplina y fuerza de voluntad a partir de ahora. La autodisciplina es como un músculo, cuanto más se entrena, mejor se va a poner. Si tienes poca autodisciplina en este momento, empieza a practicar fijándote pequeñas metas alcanzables. Anota el éxito que tienes y recuerda que no tienes límites, solo los que tú te pones a ti mismo.

Visualiza los beneficios que tendrás al final: por ejemplo, si quieres ir a correr a las 6 de la mañana y simplemente no parece que sea posible levantarte de la cama, imagínate lo bien que te sentirás cuando tengas el nivel de forma física y la apariencia que deseas. A continuación, salta de la cama, ponte tu ropa de correr, y listo. Recuerda: este libro solo funcionará si tienes la voluntad y la disciplina para hacer que funcione. ¿Cuánto vale tu palabra? Tómate tus compromisos muy en serio, porque no mantener tus compromisos tiene una terrible consecuencia: pierdes energía, pierdes claridad, te confundes en el camino hacia tus metas y, lo que es peor, pierdes confianza en ti mismo, y tu autoestima recibe un golpe. Para evitar esto, tienes que tomar conciencia de lo que es realmente importante para ti y actuar de acuerdo con tus valores. Un compromiso es una elección. Solo comprométete si realmente lo quieres. Eso puede significar menos compromisos y más "NO". Si te comprometes, mantén tu compromiso haciendo lo que sea necesario. Dales a tus compromisos el valor y la importancia que merecen y sé consciente de las consecuencias de no mantenerlos.

Momento para la acción. Hazte las siguientes…

Preguntas poderosas:

¿En qué área(s) te está faltando autodisciplina ahora mismo? Sé totalmente honesto.

¿Qué beneficios obtendrías si tuvieses más autodisciplina?

¿Cuál será tu primer paso hacia el logro de tu objetivo?

Apúntate un plan de acción de pequeños pasos. Ponte fechas límite.

¿Cómo sabrás que has logrado tu objetivo de tener más autodisciplina en _____?

3
Hazte responsable de tu vida

"El máximo rendimiento comienza asumiendo toda la responsabilidad en tu vida y en todo lo que te sucede."
Brian Tracy

"La mayoría de la gente realmente no quiere libertad, porque la libertad implica una responsabilidad, y la mayoría de las personas tienen miedo de la responsabilidad."
Sigmund Freud

Solo hay una persona que es responsable de tu vida y ésa eres tú. No es tu jefe ni tu pareja ni tus padres ni tus amigos ni tus clientes ni la economía ni el clima. Tú. El día que dejamos de culpar a otros de todo lo que sucede en nuestra vida, todo cambia. Asumiendo la responsabilidad en tu vida, estás tomando las riendas de ella y convirtiéndote en el protagonista de la misma. En lugar de ser una víctima de las circunstancias, obtienes el poder de crear tus propias circunstancias o, al menos, el poder de decidir cómo vas a actuar frente a las circunstancias que la vida te presenta. No importa lo que te pasa en tu vida, lo que importa es la actitud que adoptas. Y la actitud que adoptes es tu elección.

Si les echas la culpa de tu situación en la vida a los demás, ¿qué tiene que suceder para hacer tu vida mejor? Todos los demás tendrían que cambiar. Y esto, amigo mío, no va a suceder. En cambio, si eres tú el protagonista, tienes el poder de cambiar las cosas que no te gustan en tu vida. Tienes el control de tus pensamientos, acciones y sentimientos. Tienes el control de tus palabras, de los programas que ves en la televisión y de la gente con la que pasas tu tiempo. Si no te gustan los resultados, cambia el "input" (tus pensamientos, emociones y expectativas). Deja de reaccionar ante los demás y empieza a responder. La reacción es automática. Responder es elegir conscientemente tu respuesta.

"Tomas tu vida en tus propias manos y ¿qué ocurre? Una cosa terrible: no hay nadie a quien culpar"
Erica Jong

La víctima dice "cada cosa mala en mi vida es culpa de los demás" pero, **si no eres parte del problema, entonces no puedes ser parte de la solución,** o, en otras palabras, si el problema ha sido causado por el exterior, la solución está en el exterior. Si llegas tarde al trabajo "por el tráfico", ¿qué tiene que suceder para que puedas llegar al trabajo a tiempo? El tráfico tiene que desaparecer por arte de magia. Porque, mientras haya tráfico, siempre vas a llegar tarde. O bien puedes actuar como protagonista y salir de casa a tiempo. Entonces depende de ti.

Así que, una vez más, incluso si no tienes el control sobre los estímulos que te manda el entorno continuamente, sí tienes la libertad de elegir tu comportamiento para hacer frente a la situación.

La persona con una mentalidad de víctima solo reacciona, siempre se considera inocente y culpa constantemente a otros por su situación de vida, utilizando el pasado como justificación y poniendo sus esperanzas en un futuro que va a traer milagrosamente soluciones a los problemas o cambios en los demás, que están causando los problemas.

El protagonista sabe que es responsable, elige la conducta adecuada y toma la responsabilidad de su situación. Utiliza el pasado como una experiencia valiosa de la que puede aprender, vive en el presente, donde ve oportunidades constantes para el cambio, y decide y va tras sus metas futuras. La pregunta más importante es: "¿Quién vas a elegir a ser, mediante tus acciones, cuando la vida te presente estas circunstancias?".

Gandhi lo dijo muy bien: "No pueden quitarnos nuestra autoestima si nosotros no se la damos"

	Responsabilidad reactiva (Víctima)	Responsabilidad proactiva (Protagonista)
Diálogo interno y externo	Dependo de factores externos. No puedo cambiar nada. La vida me pasa.	Inicio el cambio. La vida pasa, pero yo elijo mi comportamiento.
Foco	En el exterior. Enfocado en excusas (crisis, edad, no es el momento).	En el interior. Opciones y el poder de la elección. El éxito solo depende de mí (p. ej., cambiar de trabajo).
Problemas	Enfocado en problemas. Todos los demás lo hacen mal. Yo tengo razón. Buscando razones y excusas.	Enfocado en soluciones. Actúo en aquello sobre lo que tengo el control y acepto lo que no puedo controlar.
Suerte vs. influencia	La vida no es justa. No puedes cambiarlo. Solo depende de la suerte.	La suerte no existe. Enfocado en oportunidades, en crearlas si es necesario. Depende del trabajo que le dedicas.

Preguntas poderosas:

¿A quién estás culpando por tu situación de vida en este momento? (¿A tu socio?, ¿tu jefe?, ¿tus padres?, ¿tus amigos?)

¿Qué pasaría si dejaras de culpar a los demás de lo que te pasa en tu vida?

¿Qué pasaría si dejaras de ser una víctima de las circunstancias?

¿Es cómodo para ti ser la víctima?

¿Qué beneficios tiene para ti actuar como una víctima?

¿Qué pasaría si dejaras de sufrir en tu vida y tomaras la decisión de cambiarlo?

¿Qué cambiaría?

¿Dónde podrías empezar?

¿Cómo empezarías?

Pasos de acción:

Escribe cinco cosas que puedes hacer en la próxima semana para empezar a cambiar el curso de tu vida y comenzar a tomar las riendas.

4
Elecciones y decisiones

"Una vez que tomas una decisión,
el universo conspira para que ocurra."
Ralph Waldo Emerson

Tal vez has oído que tu vida es el resultado de las decisiones que has tomado. ¿Cómo te sientes al respecto? ¿Es esto cierto para ti? Es importante que, a partir de ahora, seas consciente del poder que tienes sobre tu vida tomando decisiones.

Cada decisión, cada elección, tiene una influencia importante en tu vida. De hecho, tu vida es el resultado directo de las elecciones y decisiones que tomaste en el pasado, y cada elección conlleva una consecuencia. Comienza a hacer mejores elecciones. Recuerda que puedes elegir tus pensamientos e incluso tus sentimientos.

Lo más importante es tomar decisiones. Si la decisión es correcta o incorrecta es secundario. En breve recibirás *feedback* que te ayudará a progresar. Una vez que hayas tomado una decisión, debes asumirla y asumir las consecuencias. Si estaba mal, aprende de ello y perdónate a ti mismo sabiendo que lo que hiciste en aquel momento y con el conocimiento que tenías entonces era la mejor decisión y la correcta a tomar. Así de fácil. Sin culparse.

TU ACTITUD + TUS DECISIONES = TU VIDA

Victor Frankl fue un psicólogo judío encarcelado en campos de concentración de Alemania en la Segunda Guerra Mundial. Perdió a toda su familia excepto su hermana. Bajo estas terribles circunstancias, se dio cuenta de lo que él llamó "la última libertad humana", que ni siquiera los carceleros nazis podían quitarle: ellos podían controlar sus circunstancias externas, pero, en última instancia, fue él quien **decidió cómo** estas circunstancias le iban a afectar.

Descubrió que, entre **estímulo** y **respuesta**, había un pequeño espacio en el tiempo en el que tenía la libertad de **elegir su respuesta**. Esto significa que, aunque no puedes controlar las circunstancias que la vida te presenta, siempre puedes elegir tu respuesta para hacer frente a estas circunstancias y, de esta manera, tener un enorme impacto en tu vida.

En otras palabras, lo que nos duele no es lo que nos sucede, sino nuestra respuesta a lo que nos sucede. Lo más importante es cómo **respondemos** a lo que nos sucede en nuestras vidas. Y eso es una **elección**.

¿Quieres gozar de buena salud? Toma mejores decisiones acerca de la comida y el ejercicio. ¿Quieres tener más éxito? Toma mejores decisiones acerca de los que te rodean, lo que lees y lo que ves en la televisión. No hay excusas.

Perdóname si hago la suposición de que tu situación de vida no es peor que la de Victor Frankl cuando hizo este descubrimiento. Ser un judío en un campo de concentración alemán durante la 2ª Guerra Mundial, es de lo peor que me puedo imaginar.

Preguntas poderosas:

¿Qué decisiones podrías tomar para iniciar un cambio?

¿Vas a elegir ser más flexible? ¿Más positivo? ¿Más feliz?

Pasos de acción:

1) Anota, al menos, tres cambios que vas a realizar hoy mismo.

2) Lee el libro de Viktor Frankl "El hombre en busca de sentido".

5

Elige tus pensamientos

"El universo es cambio;
nuestra vida es lo que nuestros pensamientos la hacen."
Marco Aurelio

"Estás hoy donde tus pensamientos te han traído;
estarás mañana donde tus pensamientos te llevarán."
James Allen

Si quieres mejorar tu vida, lo primero que tienes que hacer es mejorar tus pensamientos. Tus pensamientos crean tu realidad, por lo que será mejor que los tengas bajo control. Controlando tus pensamientos, indirectamente, controlas tu vida y tu destino. Así que observa tus pensamientos de vez en cuando. La frase de Peace Pilgrim "Si te dieses cuenta de cuán poderosos son tus pensamientos, nunca tendrías un pensamiento negativo" lo dice todo. No te quedes estancado en pensamientos negativos. Sustitúyelos con pensamientos positivos como, por ejemplo, "al final todo saldrá bien", cada vez que surjan.

Piensa en positivo. Una persona que piensa positivamente no es un soñador que piensa que no hay problemas en la vida. En lugar de ello, reconoce que los problemas son oportunidades para crecer, y sabe que solo tienen el significado que se les dé. **El pensamiento positivo es ver la realidad tal y como es, aceptarla y sacar lo mejor de ella.** No dejes que tus pensamientos te dominen; en vez de ello, domina tus pensamientos y controla su calidad. Entrena tu mente para que se concentre solo en pensamientos positivos, creativos e inspiradores. Si entrenas tu mente así por un tiempo, verás que las circunstancias de tu vida cambian también.

Tú eres el creador de tus pensamientos, pero no eres tus pensamientos. Tus pensamientos son energía, y la energía sigue al pensamiento. Los pensamientos crean emociones, que crean comportamientos, que crean acciones, y esas acciones tienen consecuencias en tu vida diaria.

PENSAMIENTO → EMOCIÓN → COMPORTAMIENTO → ACCIÓN

Tus pensamientos dependen de tus creencias acerca de la vida. Si no te gusta lo que estás recibiendo, los resultados que obtienes, entonces echa un vistazo a lo que estás enviando. Todo lo que está en tu vida ha sido creado por tus pensamientos, expectativas y creencias. Así que analízalos. Si cambias tus creencias, obtendrás nuevos resultados.

Practica un pensamiento con la suficiente frecuencia y se convertirá en una creencia, y tu comportamiento y tus acciones seguirán a la creencia. Por ejemplo, si constantemente te preocupas por no tener suficiente dinero, crearás comportamientos basados en el miedo. Jugarás a no perder. Tratarás de aferrarte al dinero que tienes en vez de jugar para ganar.

Pasos de acción:

Trata de no tener pensamientos negativos durante 48 horas. Bloquéalos desde el primer momento y sustitúyelos por pensamientos positivos de amor, paz y compasión. Aunque parezca difícil al principio, persiste. Se hace más fácil con el tiempo. Haz esto durante 5 días y, finalmente, durante una semana. **¿Qué ha cambiado en tu vida desde que empezaste a pensar en positivo?**

6

¿Qué crees?

"Estas son, pues, mis últimas palabras para vosotros. No tengáis miedo de la vida. Creed que la vida merece ser vivida y vuestra creencia ayudará a crear el hecho."
William James

"Las condiciones externas de la vida de una persona siempre reflejan sus creencias interiores."
James Allen

¿Qué crees? Esto es extremadamente importante porque, en última instancia, tus creencias crean tu realidad. Creas lo que crees, y **tu mundo es solo tu interpretación de la realidad**. En otras palabras, no vemos el mundo como es sino como estamos condicionados a verlo. Nuestra percepción es solo una aproximación a la realidad. Nuestros mapas de la realidad determinan la forma en que actuamos más que la realidad misma. **Cada uno de nosotros ve el mundo a través de las lentes de sus propias creencias.** ¿Te suena como una tontería? A mí también hasta que estudié dos semestres de Psicología y aprendí sobre el **efecto Placebo**, el **efecto Pigmalión** y **las profecías que se cumplen solas.** Los estudios sobre estos temas muestran lo poderosos que nuestros pensamientos y creencias son en realidad.

Pero, ¿qué es una creencia? Es la información consciente e inconsciente que aceptamos como verdadera. Robert Dilts define las creencias como juicios y valoraciones acerca de nosotros mismos, los demás y el mundo que nos rodea. Una creencia es un patrón de pensamiento habitual. Una vez que una persona cree que algo es verdad (tanto si es verdad como si no), actúa como si lo fuese, recopilando hechos para demostrar la creencia, incluso si es falsa.

Las creencias son como una profecía que se cumple sola. Funciona así: **tus creencias influyen en tus emociones, tus emociones influyen en tus acciones, y tus acciones influyen en tus resultados.** Dependiendo de tu sistema de creencias, vives tu vida de una manera u otra. Quiero que te des cuenta de que la vida no solo es algo que sucede. Es un reflejo de tus creencias, pensamientos y expectativas. Si quieres cambiar tu vida tienes que cambiar primero tus patrones de pensamiento.

Incluso si, para la mayoría de nosotros, las creencias provienen de la programación de la primera infancia, somos capaces de cambiarlas. **Nadie puede imponer sus creencias sobre ti.** Siempre eres tú quien, en última instancia, permite que una creencia sea verdad para ti o no. Creer en ti mismo es una actitud. Es una elección. Recuerda lo que dijo Henry Ford, si crees que no lo vas a lograr, si piensas que es imposible, entonces no vas a lograrlo, incluso si tu esfuerzo es enorme.

Durante muchas décadas, se creyó imposible que el hombre pudiera correr una milla en cuatro minutos. Había incluso artículos científicos y estudios sobre el tema. Todos estos estudios pudieron ser triturados el 6 de mayo de 1954, cuando Roger Bannister demostró que todos estaban equivocados en una carrera en Oxford. Desde entonces, más de 1.000 personas lo han hecho.

Te recomiendo altamente que abandones creencias limitantes como:

- Uno nunca puede ser completamente feliz, algo falla siempre.
- La vida es dura.
- Solo la gente débil muestra emociones.
- La oportunidad solo llega una vez.

- Estoy indefenso y no tengo ningún control sobre mi vida.
- No me lo merezco.
- Nadie me quiere.
- No puedo.
- Es imposible.

Entonces introduce algunas creencias poderosas como:

- Yo creo mi destino.
- Nadie me puede hacer daño si yo no lo permito.
- La vida es fantástica.
- Todo en la vida pasa por alguna razón.
- Todo saldrá bien.
- Sí puedo.

Preguntas poderosas:

Hazte las siguientes preguntas:

¿Qué creo que es verdad acerca de mí mismo?

¿Cuáles son mis creencias acerca del dinero?

¿Cuáles son mis creencias acerca de mis relaciones?

¿Cuáles son mis creencias acerca de mi cuerpo?

Pasos de acción:

Para cambiar una creencia, sigue este ejercicio:

1) Dite a ti mismo: "Eso solo es mi creencia sobre la realidad. Esto no significa que sea la realidad. Aunque lo creo, no es necesariamente cierto."

2) Crea emociones opuestas a la creencia.

3) Imagínate lo opuesto.

4) Sé consciente de que la creencia es solo una idea que tienes sobre la realidad y no la realidad en sí misma.

5) Durante solo 10 minutos al día, ignora lo que parece la verdad y actúa como si tu deseo se hubiese cumplido. Imagínate gastando dinero, estando de buena salud, siendo más exitoso, etc.

Puedes probar también este ejercicio alternativo:

1) Escribe la creencia limitante.

2) Acuérdate de la secuencia creencia-emoción-acción-resultado.

3) Para obtener un resultado diferente y deseado, ¿cómo tendrías que actuar?

4) ¿Cómo tendrías que sentirte para actuar de modo diferente y obtener un resultado diferente?

5) ¿Qué tendrías que creer para sentirte diferente, actuar de modo diferente y obtener un resultado diferente?

7

La importancia de tu actitud

*"Todo puede ser quitado a un hombre salvo una cosa:
la última de las libertades humanas, elegir su
actitud en cualquier conjunto de circunstancias."*
Victor Frankl

Tu actitud es crucial para tu felicidad. Puede cambiar tu forma de ver las cosas de manera espectacular y también tu manera de enfrentarte a ellas. Vas a sufrir menos en la vida si aceptas las reglas del juego. La vida está hecha de risas y lágrimas, de luces y sombras. Tienes que aceptar los malos momentos cambiando tu forma de mirarlos. Todo lo que te sucede es un reto y una oportunidad al mismo tiempo.

Mira el lado positivo de las cosas en la vida, incluso en las peores situaciones. Siempre hay algo bueno escondido en cada mal, aunque a veces puede que cueste algún tiempo descubrirlo. La vida es una cadena de momentos —algunos felices, otros tristes—, y depende de ti sacar lo mejor de todos y cada uno de ellos. Lo repito: lo importante no es lo que sucede en tu vida, lo que hace tu vida es la forma de responder a lo que te ocurre. ¿Tu pareja te dejó? ¿Así que vas a ser infeliz para siempre, o bien vas a empezar a salir para conocer gente nueva? ¿Perdiste el trabajo? Perder el empleo puede abrir nuevas puertas, lo sé por experiencia propia.

Hace muchos años, todos los entrenadores de éxito y pensadores positivos lo describían de esta manera: "Si la vida te da un limón, agrega azúcar y haz limonada". Algunos lectores podrían decir: "Si la vida te da un limón, pide un poco de sal y tequila". Sabes lo que quiero decir, ¿no?

Aquí tienes algunos ejemplos de una actitud sana:

- Permítete cometer errores y aprende de ellos.
- Admite que hay cosas que no sabes.
- Atrévete a pedir ayuda y deja que otros te ayuden.

Diferencia entre lo que has hecho en tu vida hasta ahora y lo que quieres hacer o, mejor aún, lo que harás a partir de ahora.

Pasos de acción:

Piensa en una situación negativa y dale la vuelta. Busca lo positivo.

8

La perspectiva lo es todo

"El optimista ve el dónut, el pesimista ve el agujero."
Oscar Wilde

*"Un pesimista es alguien que se queja del ruido
cuando la oportunidad llama a su puerta."*
Oscar Wilde

William Shakespeare dijo: "No hay nada bueno o malo, sino que el pensamiento lo hace así." Pon las cosas en perspectiva. Cuanto más cerca estás del problema y cuanto más delante de él, menos ves. Da un paso atrás y obtén una visión más global del mismo. Entiende cómo te sientes frente al problema y evalúa su importancia real. Incluso ver el problema como un reto será de ayuda. Cada experiencia negativa en tu vida tiene algo bueno en ella; búscalo. Si adoptas el hábito de buscar siempre lo bueno en cada situación vas a cambiar la calidad de tu vida drásticamente.

Las experiencias en sí son neutrales hasta que empezamos a darles sentido. Tu visión del mundo y tu perspectiva "deciden" si algo es "bueno" o "malo". Lo que puede ser una gran tragedia para ti, podría ser una llamada de atención para mí para que tome mi vida en mis manos y prospere. En el coaching, se utiliza lo que se llama reencuadre para cambiar la perspectiva que un cliente tiene de un evento. Uno de mis favoritos es cambiar "fracaso" por *"feedback"* o "aprendizaje". ¿Cómo te sientes si dices "he fallado terriblemente en mi última relación"? Ahora di: "He aprendido mucho desde mi última relación, estoy seguro de que no voy volver a cometer los mismos errores". ¿Puedes notar la diferencia? Aquí hay algunos ejemplos más de reencuadre:

Estoy sin empleo	Tengo tiempo para averiguar lo que realmente quiero
Estoy enfermo	Mi cuerpo se está limpiando. Le estoy dando un descanso.
Soy así	Puedo buscar otra perspectiva
No puedo	A ver qué opciones tengo
Imposible	Posible
Problema	Reto / oportunidad para crecer
Fracaso	Aprendizaje
Tengo que... / Debería...	Elijo... / Voy a hacerlo
Intento	Hago
Siempre	Hasta ahora
Nunca	De vez en cuando

Pasos de acción:

Anota por lo menos cinco situaciones en tu vida que considerabas negativas y que, sin embargo, con el tiempo, viste claramente que te han aportado algo bueno.

9

Ten paciencia y nunca te rindas

"Nuestra mayor debilidad radica en renunciar. La forma más segura de tener éxito es siempre intentarlo solo una vez más."
Thomas Alva Edison

"El éxito no es definitivo, el fracaso no es fatal:
lo que cuenta es el valor para continuar."
Winston Churchill

La perseverancia es más importante que el talento, la inteligencia y la estrategia. Hay una gran virtud en nunca darse por vencido. Cuando la vida no va acorde con el plan, sigue adelante: no importa lo pequeños que sean tus pasos. **Los dos hábitos más importantes** que decidirán entre el éxito y el fracaso, entre el cambio real y quedarse estancado en el mismo lugar, son **la paciencia y la perseverancia**.

Es muy posible que, antes de que llegue el éxito, haya algunos obstáculos en tu camino. Si tus planes no salen bien, míralo como una derrota temporal y no como un fracaso permanente. Invéntate un plan nuevo y vuelve a intentarlo. Si el nuevo plan tampoco funciona bien, modifícalo, adáptalo hasta que funcione. Este es el punto en el que la mayoría de la gente se rinde: les falta paciencia y persistencia en la elaboración de nuevos planes. Pero ten cuidado, no hay que confundir esto con seguir un plan que no funciona persistentemente. Si algo no funciona…, cámbialo. "Persistencia" significa continuar hacia el logro de tu meta. Cuando te encuentres con obstáculos, ten paciencia. Cuando experimentes algún revés, ten paciencia. Cuando las cosas no estén sucediendo, ten paciencia.

No tires a la basura tu objetivo ante el primer signo de desgracia u oposición. Piensa en Thomas Edison y sus diez mil intentos para inventar la bombilla. Falla hacia el éxito, como lo hizo él. La persistencia es un estado mental. Cultívalo. Si te caes, levántate, sacúdete el polvo y sigue en movimiento hacia tu objetivo.

El hábito de la persistencia se construye de la siguiente manera:

1. Ten un objetivo claro y el deseo ardiente de lograrlo.

2. Haz un plan claramente definido y ponlo en práctica con pasos de acción diarios.

3. Sé inmune a todas las influencias negativas y desalentadoras.

4. Ten un sistema de apoyo de una o más personas que te animen a seguir adelante con tus acciones y a perseguir tus metas.

10
Aprende la "mentalidad Edison"

"He fracasado hacia el éxito."
Thomas Alva Edison

"Es duro fallar, pero es peor no haber
intentado nunca tener éxito."
Theodore Roosevelt

Hablemos del fracaso. Este tema es tan importante y a la vez tan incomprendido. Paulo Coelho lo expresa muy bien cuando dice: "Solo hay una cosa que hace que un sueño se vuelva imposible de alcanzar: el miedo al fracaso". El miedo al fracaso es el asesino número uno de un sueño. Pero ¿por qué? ¿Por qué tenemos tanto miedo al fracaso? ¿Por qué no podemos verlo como Napoleon Hill, que indicó que "Cada adversidad, cada fracaso, cada dolor, lleva consigo la semilla de un beneficio igual o mayor"? O, en otras palabras, ¿cómo cambiaría nuestra vida si pudiésemos ver el fracaso exactamente igual que Napoleon Hill lo hizo? ¿Por qué no verlo como una experiencia de aprendizaje que es necesaria para el crecimiento y que nos proporciona información y motivación? ¿Qué pasaría si pudieses abrazar plenamente la idea de que, en realidad, el fracaso es una señal que apunta hacia el progreso?

Aprende la "mentalidad Edison". El propio Edison dijo: "He fracasado hacia el éxito" o "No he fallado, acabo de encontrar 10.000 maneras que no funcionan". Esto es lo que le permitió traernos muchos de sus inventos. El tipo no se dio por vencido.

Acepta tus errores como *feedback* y aprende de ellos. Por suerte, de niños, no teníamos la mentalidad que muchos de nosotros hemos adoptado como adultos, porque, si la tuviésemos, muchos de nosotros no sabríamos cómo caminar. ¿Cómo aprendiste a caminar? Cayéndote muchas veces y siempre levantándote de nuevo. Por desgracia, en algún sitio a lo largo del camino, recogimos la idea de que el fracaso es algo terrible. Y, como resultado de esto, hoy en día fallamos una sola vez y dejamos de hacer las cosas simplemente porque no funcionó la primera vez, porque nos rechazaban, porque nuestro negocio no funcionó de inmediato.

Ahora es el momento de cambiar tu mentalidad hacia el fracaso. ¿Por qué no lo miras de esta manera a partir de ahora?: **Cada fracaso es un gran momento en nuestra vida porque nos permite aprender y crecer a partir de él.**

Incluso cada vez más empresas hoy en día están cambiando a una nueva mentalidad al permitir que sus empleados cometan errores, porque se dieron cuenta de que, si la gente tiene miedo a cometer errores, la creatividad y la innovación mueren y el progreso de la empresa se ralentiza. Al final del día todo se reduce a lo siguiente:

El éxito es el resultado de decisiones correctas. Las decisiones correctas son el resultado de la experiencia, y la experiencia es el resultado de decisiones equivocadas.

He aquí una historia de un famoso "fracasado" que, literalmente, fracasó en su camino al éxito:

- Pierde su trabajo, 1832
- Es derrotado en las elecciones legislativas, 1832
- Fracasa en su negocio, 1833
- Es elegido para la legislatura, 1834
- Muere su amante, Ann Rutledge, 1835
- Tiene un colapso nervioso, 1836
- Es derrotado para ser portavoz, 1838
- Es derrotado en la nominación para el Congreso, 1843

- Pierde la renominación, 1848
- Es rechazado para ser *land officer*, 1849
- Es derrotado en elecciones para el Senado, 1854
- Pierde la nominación para ser vicepresidente, 1856
- Vuelve a ser derrotado en elecciones para el Senado, 1858
- Es elegido presidente, 1860

Ésta es la historia de **Abraham Lincoln**, un hombre que no caracterizaríamos exactamente como un fracasado, ¿no crees?

Y aquí algunos famosos fracasos más:

- Michael Jordan. Eliminado del equipo de su instituto.
- Steven Spielberg. Rechazado en la escuela de cine tres veces.
- Walt Disney. Despedido por el editor de un periódico por falta de ideas y de imaginación.
- Albert Einstein. Aprendió a hablar con 4 años y tuvo mal desempeño en la escuela.
- John Grisham. Su primera novela fue rechazada por dieciséis agentes y doce editoriales.
- J. K. Rowling. Era una madre soltera y sin empleo mientras escribió Harry Potter.
- Stephen King. Su primer libro, *Carrie*, fue rechazado 30 veces. Lo tiró a la basura. Su esposa lo recuperó de la basura y le animó a intentarlo de nuevo.
- Oprah Winfrey. Despedida de su trabajo como presentadora por ser considerada "no apta para la televisión".
- The Beatles. Una compañía de discos dijo que no tenían "ningún futuro en la industria de la música".

Preguntas poderosas:

¿Has tenido algún fracaso en los últimos años?

¿Qué has aprendido de la experiencia?

¿Qué es lo positivo que has sacado de ello?

11

Siéntete cómodo con el cambio y el caos

"Estate dispuesto a sentirte incómodo. Siéntete cómodo estando incómodo. Puede ser duro, pero es un pequeño precio a pagar por vivir un sueño."
Peter McWilliams

El camino hacia el éxito pasa por el cambio y el caos. Para el crecimiento personal tienes que sentirte constantemente un poco incómodo.

Adquiere el hábito de hacer las cosas que otros no quieren hacer. Tienes que elegir hacer lo que hay que hacer sin que te importen las molestias. Esto significa perdonar en lugar de guardar rencor, hacer un esfuerzo adicional en lugar de decir que no se puede hacer, tomar el 100% de la responsabilidad de tu comportamiento en lugar de culpar a los demás.

La mayoría de nosotros pensamos que, para cambiar nuestras vidas, tenemos que hacer grandes cambios. Luego, nos sentimos abrumados por la enormidad de la tarea y terminamos no haciendo nada y seguimos estancados con nuestros viejos hábitos. La respuesta es hacerlo con pasitos de bebé. Comienza a cambiar cositas pequeñas que no requieren un gran esfuerzo y esos pequeños cambios, con el tiempo, darán lugar a cambios más grandes.

Comienza a cambiar tu manera de llegar al trabajo, el restaurante donde comes al mediodía, o intenta conocer gente nueva.

Pasos de acción:

1) Haz algo que te incomode ligeramente cada día.

2) ¿Qué cambiarás mañana? ¿Cambiarás tu rutina diaria? ¿Harás ejercicio? ¿Comerás más sano?

12

Concéntrate en lo que quieres y no en lo que te falta

"Es durante nuestros momentos más oscuros cuando hay que centrarse en ver la luz."
Aristóteles Onassis

La razón número uno por la que la gente no recibe lo que quiere es porque ni siquiera sabe lo que quiere. La razón número dos es que, mientras ellos mismos están diciendo lo que quieren, se están concentrando en lo que NO quieren. Y aquello en lo que te estás concentrando... se expande. Recuerda que, a partir de ahora, debes centrarte en lo que quieres.

¿En qué te concentras? ¿En lo positivo o en lo negativo? ¿En el pasado o en el presente? ¿Te concentras en los problemas o en las soluciones? Esto es crucial.

Aquí es donde la ley de la atracción va mal para la mayoría de la gente y se rinden. Dicen: "Estoy atrayendo dinero" o "Yo soy próspero", pero, al mismo tiempo, centran la mayor parte de su tiempo en las facturas que tienen que pagar, en el dinero que se les va de las manos, en el hecho de que no ganan demasiado. Entonces sucede que atraen aún más cosas que no quieren.

Atraerás más de aquello en lo que te enfocas. Tu energía fluirá en la dirección de tu enfoque y tu foco determina tu percepción general del mundo. Céntrate en las oportunidades y verás más oportunidades. Concéntrate en el éxito y el éxito vendrá a ti.

Preguntas poderosas:

Utiliza las siguientes preguntas para cambiar tu foco:

¿Cómo puedo mejorar esta situación?

¿Qué tengo en mi vida que pueda agradecer?

¿Qué va muy bien en mi vida ahora mismo?

¿De qué podría estar muy feliz ahora mismo si quisiera?

¿Esto todavía tendrá importancia en 10 años?

¿Qué es genial de este reto? ¿Cómo lo puedo utilizar para aprender de él?

¿Qué puedo hacer para mejorar las cosas?

13

Cuidado con tus palabras

"Si el pensamiento corrompe el lenguaje,
el lenguaje puede también corromper el pensamiento."
George Orwell, *1984*

"Lo único que te impide conseguir lo que quieres
es la historia que te sigues contando a ti mismo."
Tony Robbins

Cuidado con tus palabras. No las subestimes. Son muy poderosas. **Las palabras que usamos para describir nuestras experiencias se convierten en nuestras experiencias.** Es probable que te hayas encontrado con una situación o dos en tu vida en las que las palabras habladas hicieron mucho daño. Y esto es cierto no solo cuando hablas con los demás, **sino también hablándote a ti mismo.** Sí, con esa vocecita en tu cabeza, la que te acaba de preguntar: "¿Vocecita? ¿Qué vocecita?".

Eres lo que te dices a ti mismo todo el día. Tu diálogo interior es como la sugestión repetida de un hipnotizador. ¿Te estás quejando mucho? ¿Qué historia te cuentas a ti mismo? Si te dices que eres malo, débil e impotente, entonces eso es lo que verás en tu mundo. Por otro lado, si te dices que estás sano, si te sientes bien e imparable, también reflejas eso. Tu diálogo interior tiene un enorme impacto en tu autoestima. **Así que ten cuidado con la forma en que te describes a ti mismo.** Por ejemplo, con "soy perezoso", "soy un desastre", "nunca voy a ser capaz de hacer eso", o, mi favorito, "estoy cansado", porque, cuanto más te lo digas, más cansado estarás.

Observar tu diálogo interno es muy importante. La manera en que te comunicas contigo mismo cambia la forma de lo que piensas sobre ti mismo, lo que cambia la manera como te sientes acerca de ti mismo, lo que cambia tu forma de actuar, y esto influye, en última instancia, en tus resultados y en la percepción que los demás tienen de ti. Mantén la conversación contigo mismo positiva, con frases como "Quiero lograr el éxito", "Quiero ser delgada", "Qué guapo soy", porque tu mente subconsciente no entiende la pequeña palabra "NO" delante de cualquier enunciado sino que ve tus palabras como IMÁGENES.

No pienses en un elefante. Lo ves, seguro que acabas de imaginarte un elefante.

Y, lo repito, por favor, céntrate en lo que quieres. Ten en cuenta que tus palabras y, sobre todo, las preguntas que te haces a ti mismo tienen una gran influencia en tu realidad. Les digo a mis clientes de coaching que no me digan a mí o a ellos mismos que no pueden hacer algo, sino que siempre se pregunten **"¿Cómo puedo hacer esto?"** Si te preguntas "cómo", tu cerebro va a buscar una respuesta y llegará a ella. Lo bueno es que puedes, realmente, cambiar tu vida cambiando tu lenguaje, hablándote a ti mismo de manera positiva, y empezando a formularte preguntas diferentes.

¿Para qué esperar? ¡Empieza YA a hacerte preguntas diferentes!

14

Nuevos hábitos, nueva vida

"Somos lo que repetidamente hacemos.
La excelencia, entonces, no es un acto, sino un hábito."
Aristóteles

Hace unos 2.500 años, el filósofo griego Aristóteles dijo que uno cambia su vida cambiando sus hábitos. **El proceso de coaching es, en su esencia, un proceso de cambio de hábitos de los clientes a través del tiempo mediante la introducción de nuevas formas de hacer las cosas** y la sustitución de los viejos comportamientos. Se tarda de 21 a 30 días en implementar un nuevo hábito.

El paso más importante en el proceso de cambiar tus hábitos es tomar conciencia de ellos. ¿Has oído el dicho de que, **si sigues haciendo lo que estás haciendo, vas a seguir obteniendo los resultados que estás obteniendo?** El mismo Einstein definió **la forma más pura de la locura como "hacer las mismas cosas una y otra vez, esperando un resultado diferente".**

¿Este eres tú? No te preocupes y sigue leyendo. **Si quieres resultados diferentes en tu vida, entonces tienes que empezar a hacer las cosas de manera diferente.** Puedes cambiarlas, y es relativamente fácil, si le dedicas un poco de trabajo y disciplina. Desarrolla hábitos que te dirijan hacia tus objetivos. Si lo haces, el éxito en tu vida está garantizado.

Aquí tienes algunos ejemplos de "malos" hábitos de los que valdría la pena deshacerse: llegar tarde constantemente, trabajar hasta tarde, comer comida rápida, procrastinar, interrumpir mientras otra persona está hablando, ser esclavo de tu teléfono, etc.

Nuestro objetivo en este capítulo es introducir diez nuevos hábitos diarios saludables en tu vida en los próximos tres meses. No quiero abrumarte, así que ¿por qué no introduces tres hábitos cada mes? Con el tiempo estos hábitos van a mejorar tu vida considerablemente y van a sustituir hábitos ineficaces que hasta ahora han drenado tu energía.

Pasos de acción:

¿Qué diez hábitos vas a introducir?

No es necesario introducir grandes cambios. Los hábitos que mis clientes introducen suelen ser:

- Hacer ejercicio 3 veces por semana.
- Centrarse en lo positivo.
- Trabajar en sus objetivos durante 30 minutos cada día.
- Dar un paseo.
- Pasar más tiempo con sus familias y sus amigos.
- Comer más fruta y verdura.
- Leer 30 minutos cada día.
- Dedicar 15 minutos a ellos mismos cada día, etc.

Es útil tener una representación visual. Y no olvides recompensarte por tus éxitos.

Comienza ahora mimo haciendo una lista de los 10 hábitos diarios que introducirás en tu vida a partir de hoy.

15
Conócete a ti mismo

"Conocerse a sí mismo es el principio de toda sabiduría."
Aristóteles

El primer paso antes de cambiar tu vida es tomar conciencia de dónde estás y de qué te hace falta.

Por favor, tómate un tiempo y respóndete a las siguientes preguntas honestamente.

¿Qué sueños tienes en la vida?

_____
_____
_____

Al final de tu vida, ¿qué crees que lamentarías no haber hecho para ti mismo?

_____
_____
_____

Si el dinero y el tiempo no importaran, ¿qué te gustaría hacer, ser o tener?

_____
_____
_____

¿Qué te motiva en tu vida?

_____
_____
_____

¿Qué te limita en tu vida?

_____

_____

_____

¿Cuáles han sido tus victorias más grandes en el último año?

_____

_____

_____

¿Cuáles han sido tus mayores frustraciones en el último año?

_____

_____

_____

¿Qué haces para complacer a los demás?

_____

_____

_____

¿Qué haces para complacerte a ti mismo?

_____

_____

_____

¿Qué finges no saber?

_____

_____

_____

¿Cuál ha sido el mejor trabajo que has realizado en tu vida?

_____

_____

_____

¿Cómo sabes exactamente que éste ha sido tu mejor trabajo?

_____

_____

_____

¿Cómo ves tu trabajo actual en comparación con el de hace 5 años?

_____

_____

_____

¿De qué parte de tu trabajo disfrutas más?

_____

_____

_____

¿De qué parte de tu trabajo disfrutas menos?

_____

_____

_____

¿Qué actividad o asunto sueles aplazar?

_____

_____

_____

¿De qué estás verdaderamente orgulloso?

_____

_____

_____

¿Cómo te describirías a ti mismo?

_____

_____

_____

¿Qué aspectos de tu conducta piensas que deberías mejorar?

_____

_____

_____

En este momento, ¿cómo describirías tu nivel de compromiso con el éxito en tu vida?

_____

_____

_____

En este momento, ¿cómo describirías tu estado general de bienestar, energía y autocuidado?

_____

_____

_____

En este momento, ¿cómo describirías cuánto te diviertes o cuánto placer estás experimentando en tu vida?

_____

_____

_____

Si pudieras quitarte un miedo de una vez para siempre, ¿cuál sería?

_____

_____

_____

¿En qué área de tu vida deseas más tener un verdadero avance?

_____

_____

_____

16
Conoce tus cuatro valores más importantes

"El esfuerzo y el coraje no son suficientes
sin propósito y sin dirección."
John F. Kennedy

Hablemos de valores. No de una manera moral o ética, sino mirando lo que te alimenta y lo que te motiva. Tener claros y conocer tus valores es uno de los pasos más importantes para llegar a conocerte mejor. Al conocer tus valores serás capaz de atraer más de lo que quieres en tu vida. Si hay una gran diferencia entre la vida que estás viviendo y tus valores, esto podría crear sufrimiento y tensión. Una vez que averigües cuáles son tus valores, serás capaz de entenderte a ti mismo y tus acciones mucho mejor.

Cuando tus objetivos estén alineados con tus valores, te darás cuenta de que los logras mucho más rápido y te encuentras con mucha menos resistencia. Para mí, todo cambió hace unos dos años cuando, por primera vez, examiné y adquirí conocimiento claro de mis valores. Finalmente, supe de dónde venían la tensión y el estrés en mi trabajo y en mi vida (no vivía ni uno de mis valores fundamentales en mi trabajo) y pude entender mucho mejor mis reacciones en diversas situaciones.

Así pues, ¿qué es lo **realmente importante** para ti? Averigua cuáles son tus valores más importantes —los que te traen alegría, paz y satisfacción. De la lista de valores (se pueden descargar en mi página web www.marcreklau.com de forma gratuita), elige 10. También verás que puedes agrupar valores. Entonces, redúcelos hasta que te quedes con tus cuatro valores más importantes.

Preguntas poderosas:

¿Qué es muy importante en tu vida?

¿Qué te da un propósito en la vida?

¿Qué sueles estar haciendo cuando experimentas una sensación de paz interior?

¿Qué te gusta tanto que, cuando lo haces, sueles perder la noción del tiempo?

¿A quién admiras? ¿Por qué? ¿Qué tipo de cualidades tienen esas personas que admiras?

¿Con qué actividades disfrutas más?

¿Qué tipo de momentos te traen alegría y plenitud?

¿Qué no puedes soportar?

Pasos de acción:

Tómate un tiempo. Cierra los ojos y relájate.

Imagina que es tu 75º aniversario y te han montado una gran fiesta. Estás paseando por tu casa y todos tus amigos y familiares están presentes. ¿Qué te gustaría que la persona más importante en tu vida, tu mejor amigo y un miembro de la familia dijeran de ti? Escríbelo.

1) La persona más importante en tu vida dice...

2) Tu mejor amigo dice...

3) Tu familiar dice...

17

Conoce tus fortalezas

"Un ganador es alguien que reconoce los talentos que Dios le ha dado, trabaja como un obseso para desarrollarlos en forma de habilidades, y utiliza sus habilidades para lograr sus objetivos."
Larry Bird

No tienes que ser bueno en todo. Concéntrate en tus puntos fuertes. Recuerda que aquello en lo que te enfocas tiende a expandirse. ¿Qué se te da bien? Ha llegado el momento de averiguarlo, ¿no crees? Así que empecemos:

Apunta tus CINCO cualidades personales y fortalezas profesionales a continuación:

¿Cuáles son sus puntos fuertes? ¿De qué estás más orgulloso? ¿Qué es lo que mejor sabes hacer?

_____

_____

_____

_____

_____

Apunta tus logros más significativos, tanto personales como profesionales:

¿De cuál de tus logros estás más contento y orgulloso?

_____

_____

_____

_____

Apunta otros activos:

¿A quién conoces? ¿Qué sabes? ¿Qué talentos y dones tienes? ¿Qué te hace único y poderoso?

_____

_____

_____

_____

Una vez que conozcas tus puntos fuertes, es tiempo de fortalecerlos. Practícalos y concéntrate en ellos. Los que tienes y los que quieres tener. Mira el capítulo 60: *Fíngelo hasta que lo consigas.*

Pasos de acción:

Si te atreves, envía un correo electrónico a 5 amigos y/o compañeros de trabajo y pregúntales cuáles consideran que son tus mayores fortalezas. Esto puede ser bastante inspirador y un verdadero impulso para tu autoestima.

18

Honra tus logros del pasado

"Cuanto más alabas y celebras tu vida,
más hay en tu vida para celebrar."
Oprah Winfrey

Éste es un capítulo muy importante. Es uno de mis ejercicios favoritos para impulsar la confianza en sí mismos de mis clientes (y la mía). Su objetivo es capacitarte, hacerte consciente de lo que ya has logrado en tu vida. Estamos siempre tan centrados en las cosas que no funcionan lo suficientemente bien, o en lo que no hemos conseguido, que nos olvidamos de lo que ya hemos logrado. Estoy seguro de que tienes fantásticos logros en tu vida y de que, en este capítulo, te darás cuenta de esos éxitos del pasado y de que los utilizarás como combustible de cohete para alcanzar tus metas y éxitos futuros.

Entonces la gran pregunta es: **¿qué grandes cosas has logrado en tu vida hasta ahora?** ¿Has terminado la universidad, viajado por el mundo, tienes una gran carrera profesional, tienes un montón de buenos amigos? Tal vez has vivido en el extranjero durante un tiempo por tu cuenta. O tal vez has superado una infancia dura y grandes reveses personales. Tal vez has criado a unos hijos fantásticos. No importa qué desafíos hayas superado o qué éxitos hayas logrado: ahora es el momento de mirar hacia atrás y celebrarlos.

¿Recuerdas el capítulo sobre el enfoque? En este caso significa que, cuanto más recuerdes y reconozcas tus éxitos pasados, más confianza tendrás. Y como te estarás concentrando en los éxitos, verás más oportunidades para el éxito.

Haz tu lista. Recuérdate a ti mismo tus éxitos del pasado. Date una palmadita en el hombro y dite a ti mismo "Bien hecho". Lo importante es la experiencia de éxito. Consigue el mismo estado en que estabas, ve el éxito una vez más en tu mente, siente de nuevo cómo te sentías entonces.

Pasos de acción:

1) Haz una lista de los mayores logros que has conseguido en tu vida.

2) Léelos en voz alta y permítete sentirte fantástico por lo que has conseguido.

19

Escribe tus objetivos y lógralos

*"Las personas con objetivos claros y por escrito
logran mucho más en un período más corto de tiempo
de lo que las personas sin ellos jamás podrán imaginar."*
Brian Tracy

"Una meta es un sueño con una fecha límite."
Napoleon Hill

La gran mayoría de nosotros no tenemos la más mínima idea de por dónde empezar a hacer nuestros sueños realidad. La mayoría de las personas sobrestiman lo que pueden hacer en un mes y subestiman lo que pueden hacer en un año. Si vas paso a paso y sigues siendo flexible, con el tiempo, puedes lograr cosas que antes ni siquiera te hubieras podido imaginar. Y lo curioso es que no se trata de alcanzar los objetivos finales, se trata de la persona en la que te conviertes en el proceso. El viaje es más importante que el destino, también en el establecimiento de metas.

Entonces, ¿por qué escribir tus metas? Porque te impulsarán a actuar. Tener las metas bien definidas en tu vida es crucial para tu camino hacia el éxito y la felicidad. Son como un sistema GPS guiando el camino. Pero, para ser guiado, primero de todo tienes que saber a dónde quieres ir. Esto es tan importante que libros enteros se han escrito sobre el tema del establecimiento de objetivos.

El primer paso para lograr tus metas de ensueño es ponerlas por escrito. Yo era muy escéptico sobre esto hasta que empecé a escribir mis metas y deseé haber comenzado dos décadas atrás. Me hice mucho más productivo y enfocado, tanto que casi no podía creerlo. Durante muchos años no me importó el establecimiento de metas porque, para ser honesto, creo que me hacía sentir incómodo ya que, comprometerme con metas y escribirlas, significaba que podía medir lo que había logrado y lo que no, y no tuve el coraje de hacerlo.

Es importante escribir tus metas por diversas razones:

1) Cuando las escribes, declaras a tu mente que, de los 50.000 a 60.000 pensamientos que tienes en un día, ÉSTE que has escrito es el más importante.

2) Empiezas a concentrarte y enfocarte en las actividades que te acercan a tu meta. También comienzas a tomar mejores decisiones, mientras te centras en dónde deseas ir, considerando si lo que estás haciendo en este momento es realmente el mejor uso que le puedes dar a tu tiempo.

3) Echar un vistazo a tus objetivos escritos cada día te obliga a actuar y te ayuda a priorizar tus acciones de ese día al hacerte preguntas como: "En este momento, ¿lo que estoy haciendo me está acercando a mis metas?"

Antes de iniciar el proceso de cambio tienes que tener claras tus metas. Después, descomponerlas en pequeños pasos de acción alcanzables y hacer una lista de todos los pasos que vas a realizar para llegar a ellas. Calcula cuánto tiempo te llevará. No te olvides de fijar un plazo para cada paso de acción y cada objetivo. No te preocupes si no alcanzas la meta en la fecha exacta que has anotado; es solo una manera de centrarte en el objetivo y de crear un sentido de urgencia. Una de las citas favoritas de mi formación como *coach* es: "Si pones una fecha a un sueño, se convierte en una meta." Así que te ha llegado la hora de EMPEZAR:

En el siguiente ejercicio, quiero que escribas como quieres que sea tu vida dentro de 10 años. Cuando lo escribas, quiero que **escribas lo que quieres, no lo que piensas que es posible.** Así que visualiza a lo grande. No pongas límites a tu imaginación. Las respuestas que escribes aquí son la dirección hacia la que se dirige tu vida. Crea una visión clara de tus metas en tu mente. Visualízate como si ya hubieses logrado el objetivo. ¿Cómo te hace sentir? ¿Cómo se ve? ¿Cómo suena? ¿Cómo huele?

Los objetivos tienen que ser tuyos, específicos, formulados de manera positiva, y —muy importante— tienes que comprometerte con ellos.

Otro punto importante: cuando vayas a por tus metas, **recompénsate por el esfuerzo realizado** y no solo por los resultados. El autocastigo está prohibido. Ten en cuenta que estás mucho mejor situado de lo que estabas hace una semana o un mes.

Otros consejos útiles que mejorarán tu viaje hacia el establecimiento de metas:

- Pon una pequeña tarjeta con tus objetivos escritos en tu cartera y conecta con tus objetivos 4 ó 5 veces al día.
- Es muy beneficioso tener una lista de tareas pendientes donde pones tus pasos de acción, el tiempo que crees que necesitas para cada tarea y las fechas límite.
- Equilibra tus objetivos (físicos, económicos, sociales, profesionales, familiares, espirituales).

Preguntas poderosas:

1) ¿Cómo quieres que sea tu vida dentro de 10 años? No hay límites. Piensa en grande.

2) ¿Qué tienes que haber logrado en 5 años para acercarte a tu objetivo para dentro de 10 años?

3) ¿Qué tienes que haber logrado en 1 año para acercarte a tu objetivo para dentro de 5 años?

4) ¿Qué tienes que haber logrado en 3 meses para acercarte a tu

objetivo para dentro de 1 año?

5) ¿Qué primeros pasos puedes hacer ahora para lograr tu objetivo para dentro de 3 meses?

Pasos de acción:

Apunta al menos tres cosas y hazlas.

20
El próximo

*"Me tomo el rechazo como alguien que toca
una trompeta en mi oído que me despierta para
ponerme en marcha, en lugar de retirarme."*
Sylvester Stallone

Otro de los miedos más grandes que tenemos es el miedo al rechazo. No pedimos a la chica un baile porque tememos el rechazo, no enviamos el currículo porque tememos el rechazo, ni siquiera pedimos que nos sienten en otro asiento del avión o en la mejor mesa del restaurante porque tememos el rechazo.

Para alcanzar tus metas en la vida tendrás que aprender a manejar el rechazo. Forma parte de la vida y, para superarlo, hay que ser consciente de que, igual que el fracaso, es solo un concepto en tu mente. Las personas más exitosas no son muy diferentes de ti, solo son mejores en la gestión del rechazo. Eso sí que son buenas noticias, ¿no crees? En el camino hacia tus metas, probablemente, tendrás que enfrentarte al rechazo muchas veces. No te rindas. Y, sobre todo, no te tomes el rechazo como algo personal.

Piénsalo. Si le pides salir a alguien y esa persona no quiere salir contigo, en realidad nada ha cambiado. Esa persona no iba a salir contigo antes y no lo va a hacer ahora. Tu situación es la misma. **El rechazo no es el problema, el problema es el diálogo interno que se inicia después de haber sido rechazado:** "Sabía que no lo podía hacer", "Sé que no soy lo suficientemente bueno", "Papá (o mamá) tenía razón, nunca voy a lograr nada en la vida". Lo importante es seguir. El objetivo de los vendedores más exitosos es escuchar la palabra "NO" 100 veces al día, porque saben que, si oyen 100 noes, también habrá algunos síes. Es un juego de números.

Los más exitosos donjuanes de mis amigos son los que conviven mejor con el "No". Ellos sabían que si hablaban con 25 chicas en una noche habría alguna que aceptaría tomar una copa con ellos. Otros se rindieron después de escuchar dos o tres noes. Solo tienes que estar preparado para ser rechazado muchas veces en tu camino al éxito. El secreto está en no darse por vencido.

Cuando alguien te dice "No, gracias", debes pensar "el próximo, por favor".

¿Sabías que el guión de Sylvester Stallone para la película "Rocky" fue rechazado más de 70 veces? El libro "Sopa de pollo para el alma", de Jack Canfield y Mark Victor Hansen, fue rechazado más de 130 veces, y se rieron de Canfield cuando dijo que quería vender 1 millón de libros. Su editor le dijo que, con mucha suerte, iba a vender 20.000. Pues bueno, el primer libro de "Sopa de pollo para el alma" vendió 8 millones de copias; y, contando todas las ediciones, se han alrededor de 500 millones de copias. Incluso "Harry Potter", de J. K. Rowling, fue rechazado 12 veces.

Preguntas poderosas:

¿Qué te llevas de este capítulo?

¿Cómo vas a lidiar con el rechazo de ahora en adelante?

21
Evita los ladrones de energía

"Energía y persistencia conquistan todas las cosas."
Benjamin Franklin

"La energía de la mente es la esencia de la vida."
Aristóteles

Tu energía es crucial para impulsarte hacia tus metas y la felicidad. Hay algunas cosas en tu vida que drenan tu energía, mientras que, por otra parte, hay cosas que te añaden energía. No hay que subestimar la importancia de la energía: debes mantenerla alta.

En mis procesos de coaching, ponemos mucho énfasis en las actividades que aportan energía y reducimos las cosas que drenan la energía de mis clientes. Cuando operas en niveles bajos de energía no te sientes bien, no estás feliz, mandas vibraciones bajas, y lo más probable es que atraigas lo que estás enviando.

Deja de hacer o exponerte a cosas que drenan tu energía como hábitos alimenticios poco saludables, el alcohol, las drogas, la cafeína, el azúcar, el tabaco, la falta de ejercicio, la negatividad, el sarcasmo, las metas desenfocadas o las noticias y los medios sensacionalistas, entre otros. Todas estas cosas drenan tu energía.

Y ten cuidado con los "vampiros de energía" entre tus colegas, amigos e incluso familiares. ¿Por qué pasar tiempo con personas que solo te drenan?

Vuélvete muy egoísta en la forma de gestionar tu energía:

- Elimina todas las distracciones.
- Termina tus asuntos pendientes.

- Trabaja sobre tus tolerancias. (Mira el capítulo 29)
- Diles adiós a todas las personas y relaciones que te roban energía.

Preguntas poderosas:

¿Cuáles son los ladrones de energía en tu vida?

¿Qué vas a hacer al respecto?

22
Gestiona tu tiempo

"No hay nada tan inútil como hacer eficientemente
algo que no se debería hacer en absoluto."
Peter F. Drucker

¿Trabajas muchas horas extra y, aún así, no tienes tiempo para todo lo que necesitas hacer? ¿Eres una de esas personas a las que les encantaría tener 28 horas cada día? Pues bien, por desgracia, también tienes solo 24 horas como todo el mundo en este planeta. Ah, y lo siento, se me olvidaba, no existe eso llamado la "gestión del tiempo". No se puede gestionar el tiempo. Lo que puedes hacer es utilizar tu tiempo sabiamente y administrar sus prioridades.

Mis clientes y la mayoría de mis amigos dicen eso de "No tengo tiempo para _____ (rellena el espacio con lo que tú sueles decir)".

La forma más rápida de ganar tiempo es ver una hora menos de televisión todos los días. Eso son 365 horas al año, lo que equivale a 30 horas al mes. ¿Qué harías con siete horas adicionales por semana? O también puedes ganar más tiempo levantándote más temprano (ver el capítulo 25). Establece prioridades y elige en qué actividades inviertes tu tiempo. Establece reglas claras sobre cuándo estás disponible y cuándo no estás disponible, y no dejes que otras personas te roben tiempo.

Lo curioso es que, cuanto más valores tu tiempo, más tiempo vas a tener, porque la gente también valora tu tiempo. Si permites a la gente que te interrumpa todo el rato básicamente les estás mostrando que tu tiempo no es muy valioso y, en este caso, no serás capaz de trabajar con eficacia por más horas que lo hagas.

Estudios recientes han descubierto que cada interrupción de 5 minutos en el trabajo cuesta 12 minutos, debido a que tu cerebro necesita 7 minutos para reconcentrarse. ¿Cuántas interrupciones tienes al día? ¿10? ¿12? Imagínate cuánto tiempo puedes recuperar cuando disminuye el número de interrupciones. Cada interrupción de 3 minutos te cuesta 10 minutos. Digamos que te interrumpen 12 veces en un día de trabajo: son 2 horas que pierdes. En un mes, esto es como tener una semana más. No dejes que los empleados, amigos o clientes te interrumpan. Establece unas reglas claras YA.

Otro ladrón de tiempo enorme son los medios sociales y los correos electrónicos. Establecer un horario fijo para tu actividad en los medios sociales y para revisar tus correos electrónicos es una vía más para ganar un montón de tiempo.

Yo empecé a ganar muchísimo tiempo cuando aprendí a decir "NO" (ver el capítulo 24).

Mi favorito personal entre las técnicas de ahorro de tiempo es tomarme entre 30 y 60 minutos los domingos para planificar mi semana. Pongo mis metas personales y profesionales de cada semana en una hoja de Excel. Y no te olvides de programar algún tiempo libre o de relajación como siestas, lectura o meditación, y también un tiempo de reserva para emergencias. También dedico 15 minutos todos los días a planificar mi día siguiente. De esta manera le doy a mi mente subconsciente la oportunidad de trabajar en él mientras duermo. Esto funciona. Cuando inicio el día siguiente no tengo que pensar mucho, voy directo a lo que tengo que hacer.

Algunos trucos más para ahorrar tiempo:

- Haz una lista de tareas pendientes (con el tiempo que necesitas para hacerlas).
- Limita tus llamadas telefónicas a 5 minutos por llamada.

- Toma consciencia del resultado que quieres obtener con cada llamada que haces.
- Trabaja contra el tiempo y acabarás tu trabajo más rápido (ponte una alarma y trabaja contrarreloj).
- Cada noche, escribe 5 cosas que quieres lograr a lo largo del próximo día y haz una lista por orden de prioridad.
- Crea bloques de tiempo de 90 minutos.
- Haz un seguimiento de tu tiempo. Echa un vistazo a cómo estás usando tu tiempo mediante el seguimiento de tus actividades diarias.
- Haz las cosas desagradables primero.
- Deja de estar ocupado y ve a por resultados.
- Ten cuidado con los siguientes ladrones de tiempo:
  - Falta de información para terminar la tarea.
  - Hacerlo todo tu mismo (¿puedes delegar?).
  - Te distraes fácilmente (céntrate y establece límites.).
  - Tus llamadas telefónicas duran demasiado (ponles un límite de 5 minutos).
  - Pasas mucho tiempo buscando en archivos (organízate.)
  - Sigues haciendo las cosas de la misma manera y no te das cuenta de que podría haber una manera más eficiente de hacerlas.
  - Crees que tienes que ser accesible en todo momento y en todas partes (¿en serio?).

Entonces, ¿qué vas a hacer a partir de ahora? **¿Vas a insistir en la excusa de que no tienes tiempo** o vas a empezar a hacer tiempo con una pequeña cosa a la vez y a experimentar el cambio por ti mismo? ¿Qué vas a hacer? Recuerda que todo depende de las decisiones y hábitos.

Pasos de acción:

Escribe 5 cosas que harás a partir de ahora.

23

Empieza a organizarte

"La organización es lo que haces antes de hacer algo
de modo que, cuando lo haces, no está todo confundido."
A. A. Milne

"Por cada minuto en el que estamos organizando se gana una hora."
Anónimo

¿Estás demasiado ocupado para organizarte? ¿Estás rodeado de montañas de papel y tienes *post-it* por toda la mesa? ¿Y sientes que estás muy ocupado pero que no puedes respirar y simplemente no puedes manejar la cantidad de trabajo, incluso si haces horas extra? Entonces lee atentamente ahora porque estoy, especialmente, hablando contigo.

No es que estés demasiado ocupado para organizarte, estás tan ocupado porque no estás organizado. Y para empeorar las cosas: **estar ocupado no significa ser eficaz. Solo porque tengas la mesa más desordenada en la oficina, no significa que seas la persona que trabaja más duro.**

Hay estudios que afirman que los ejecutivos de hoy en día gastan entre el 30% y el 50% de su tiempo buscando papeleo. ¿Puedes creerlo?

Así que, querido trabajador abrumado, sigue con la lectura y prueba estos pequeños consejos que pueden cambiar tu vida. He estado allí y di la vuelta a la situación gracias a ellos:

- Utiliza los primeros 15 minutos de tu día de trabajo priorizando qué hacer.
- Utiliza una hora a la semana para organizar y archivar

documentos.

- Utiliza 15 minutos al día para tirar papeles y limpiar tu escritorio
- Utiliza los últimos 15 minutos de tu día de trabajo para revisar tus tareas para mañana. ¿Qué es importante? ¿Qué es urgente?
- Utiliza la bandeja de entrada del correo electrónico como una lista de tareas pendientes: las tareas resueltas se archivan y las tareas sin resolver se quedan en la bandeja de entrada.
- Si hay mensajes de correo electrónico y tareas que puedas hacer en menos de 5 minutos, siempre hazlas de inmediato. ¡Siempre!
- No aceptes ninguna nueva tarea hasta que todo esté bajo control.
- Haz el trabajo bien a la primera para que no vuelva a perseguirte y para que no te cueste más tiempo después.

¿Te acuerdas de ese compañero de trabajo típico que siempre terminaba su trabajo rápido, pero no a fondo, y al que luego, durante cada paso del proceso, tenías que volver a consultar para obtener más información? En lugar de hacerlo bien una vez, con toda la documentación correcta, lo que dura 15 minutos se precipitó a hacerlo en 5 minutos y, después, tenías que volver a pedírselo tres veces más. Lo que te llevaba la pérdida de otros 30 minutos. Así que, en lugar de los 15 minutos, en realidad, tardó 35 minutos para completar la tarea. Es mejor hacerlo bien la primera vez.

Como todo lo demás en este libro, decir "Eso no me va a funcionar a mí" no vale como excusa. Pruébalo durante, al menos, un periodo de dos a cuatro semanas y, si aún así no te funciona, escríbeme un *email* y quéjate.

Pasos de acción:

¿Cuál de los consejos aplicarás primero? Hazlo.

24

Diles "no" a ellos y "sí" a ti mismo

*"No conozco la clave del éxito, pero la clave
del fracaso es tratar de complacer a todo el mundo."*
Woody Allen

Aquí tienes otro de los pequeños ejercicios que mejoraron mucho mi vida: cuando dejé de querer complacer a los demás y empecé a ser yo mismo. Una gran cantidad de de esas situaciones simplemente empezaron con la palabra "no". Y es que cada vez que dices "no" a alguien en realidad te estás diciendo "sí" a ti mismo. Antes de aprender a decir "no", a menudo salía con mis amigos aunque no quisiera e iba a eventos que no me gustaban. El resultado era que yo estaba allí físicamente pero que, mentalmente, estaba en otro lugar, y la verdad es que no era la mejor compañía. Cuando tomé la decisión de que un "sí" es un "sí" y un "no" es un "no", me sentí mucho mejor. Salir menos con mis amigos y decirles "no" fue difícil al principio, pero el resultado fue que, cuando estaba con mis amigos, estaba totalmente allí.

En mi vida laboral, el impacto fue aún mayor. Cuando empecé a trabajar en España quería ser un buen compañero y le decía que sí a todo favor que me pidieran. ¿Adivinas lo que pasó? Acabé estando totalmente abrumado por el trabajo porque me pidieron un montón de favores —por lo general, trabajos que nadie más quería hacer. Me tomó un tiempo coger confianza pero, al final, dije "basta". A partir de entonces, mi primera respuesta a todas las preguntas de favores era "No. Lo siento. No puedo hacerlo. Estoy muy ocupado en este momento.". Al comenzar a decir "no" a menudo, mejoré mi vida laboral mucho y liberé una gran cantidad de tiempo.

Pero asegúrate de que dices "no" sin sentirte culpable. Puedes explicarle a la persona en cuestión que no es nada personal en su contra, sino una decisión para tu propio bienestar. Todavía podía hacer favores a mis colegas, pero solo si tenía tiempo suficiente y si lo decidía. De repente yo estaba al mando. Si estaba por la labor de hacer favores, le mencionaba al compañero en cuestión que solo le estaba haciendo un favor y que, en ningún caso, quería terminar haciendo yo el trabajo. Porque esto había pasado mucho: hacías un favor y, de repente, te quedabas con todo el trabajo.

¿Egoísta? Sí. Pero ten en cuenta quién es la persona más importante en tu vida. Es correcto. Tú eres la persona más importante en tu vida. Tú tienes que estar bien. Solo si estás bien contigo mismo puedes estar bien con los demás y, a partir de ese punto, puedes aportar a los demás. Pero primero tienes que estar bien contigo mismo. Siempre puedes ganar un poco de tiempo y decir "tal vez" al principio, hasta que llegues a una decisión definitiva. Pero la vida se hará mucho más fácil una vez que empieces a decir "no".

Preguntas poderosas:

¿La vida de quién estás viviendo? ¿Estás viviendo tu propia vida o estás tratando de complacer y satisfacer las expectativas de los demás?

¿A quién y a qué vas a empezar a decir "no", comenzando ahora mismo?

Pasos de acción:

Hazte una lista de todas las cosas que vas a dejar de hacer solo por complacer a otros.

25
Evita los medios de comunicación

"Una civilización democrática se salvará únicamente si hace del lenguaje de la imagen un estímulo para la reflexión crítica, no una invitación a la hipnosis."
Umberto Eco

"Las noticias son chisme glorificado."
Mokokoma Mokhoana

Quieres avanzar rápido, ¿no? He aquí un consejo que te va a liberar una inmensa cantidad de energía y tiempo. ¿Cuántas horas pasas enfrente de la "caja" todos los días? El estadounidense promedio se pasa de 4 a 5 horas al día delante de la televisión, y lo mismo vale para los europeos. Eso son entre 28 y 35 horas a la semana. ¡Imagínate! ¡Eso es un montón de tiempo que puedes ganar de repente!

Aparte de ganar tiempo, hay un efecto secundario incluso más beneficioso. La televisión es uno de los mayores ladrones de energía, si no el número uno. ¿Alguna vez te sientes renovado o reactivado después de ver la televisión? Deja de ver las noticias o, mejor aún, apaga tu televisor. ¿Para qué exponerse a tanta negatividad? No te expongas a un exceso de la basura que dan por la TV. Sustituye tu hábito de ver la televisión por un hábito saludable como caminar, pasar más tiempo con tu familia o la lectura de un buen libro.

Dejé de ver las noticias hace muchos años cuando me di cuenta de que, mientras estaba en el tren para ir a trabajar, me molestaban las cosas oídas y vistas en las noticias de la mañana, y me dije a mí mismo: "No puedo ir a mi estresante puesto de trabajo ya estresado, simplemente por lo que dijo el político A, o lo que hizo el banquero B, o porque hay una guerra en el país C". Solo una semana después de dejar de ver las noticias, me sentí mucho mejor. ¿No te lo crees? Pruébalo por ti mismo. **No mires las noticias durante una semana y observa cómo te sientes.**

No te estoy diciendo que te conviertas en ignorante, a pesar del refrán ese que dice que: **"El ignorante es la persona más feliz del pueblo".** Todavía puedes leer los periódicos. Yo te recomendaría que solamente los titulares y no poniendo mucha emoción. Seguirás estando al día de las cosas importantes porque tu familia, amigos y compañeros de trabajo te mantendrán actualizado. Y, si no, ¿de veras crees que te vas a perder algo? Elige —y sé realmente selectivo— a cuánta basura expones tu mente. Si necesitas más razones para dejar de ver la televisión, lee uno de los libros fantásticos que hay por ahí acerca de cómo los medios de comunicación nos manipulan y cómo casi todo lo que cuentan es falso.

Pasos de acción:

De ahora en adelante, controla tú mismo la información a la que estás expuesto. Asegúrate de que añade algo a tu vida. En lugar de mirar telebasura, mira un documental o una comedia. En lugar de escuchar las noticias en tu coche, escucha un audiolibro o un CD de motivación.

26

Levántate temprano
y duerme menos

"Está bien estar levantado antes del amanecer, porque este tipo de hábitos contribuyen a la salud, la riqueza, y la sabiduría."
Aristóteles

¿Quién dijo "no tengo tiempo"? Cuando mis clientes me dicen que no tienen tiempo lo primero que les pregunto es cuántas horas de televisión están viendo. Esto, por lo general, les da el tiempo que necesitan. A los que han dejado de ver la televisión y todavía no tienen suficiente tiempo, les propongo que se levanten una hora más temprano. El primer beneficio de levantarse una hora antes es que ganas alrededor de 365 horas por año. ¡365! Hay una energía muy especial en las horas de la mañana antes del amanecer.

Desde que empecé a levantarme alrededor de las 6, mi vida cambió por completo. Estoy mucho más tranquilo y relajado y no empiezo el día corriendo estresado. Suelo ir a correr media hora antes de que salga el sol para, a mi regreso, ver el sol naciente en el mar Mediterráneo. Esto es absolutamente increíble y ya me pone en un estado de felicidad absoluta. Y, para aquellos que no viven junto al mar, la salida del sol en los campos, los bosques o incluso en una gran ciudad, es igual de emocionante. Solo tienes que ir a verlo y luego, me lo cuentas. Empezar tu día de esta manera es muy beneficioso para tu felicidad y la paz de tu mente.

Otra gran ventaja de levantarse temprano es que refuerza la autodisciplina y ganarás más respeto propio. Muchos líderes exitosos fueron y siguen siendo miembros del club de los madrugadores, por ejemplo: Nelson Mandela, Mahatma Gandhi,

Barack Obama, y muchos más.

Está comprobado científicamente que 6 horas de sueño por noche deberían ser suficientes emparejadas con una siesta de 30 a 60 minutos por la tarde. Tu frescura depende de la calidad de tu sueño, no de su cantidad. Tienes que tratar de averiguar por ti mismo cuántas horas de sueño necesitas para sentirte renovado. Pero deberías, efectivamente, intentarlo. Además, mejorará mucho tu calidad de vida.

No olvides que levantarse temprano es un nuevo hábito, por lo que hay que darle un poco de tiempo, y no tienes que darte por vencido después de la primera semana si todavía te sientes cansado después de levantarte temprano. El hábito necesita, por lo menos, de 3 a 4 semanas para hacer efecto. Si no logras levantarte una hora más temprano, prueba media hora. Y tampoco olvides que tus actitudes, pensamientos y creencias acerca de levantarte una hora antes también juegan un papel muy importante.

Para mí siempre fue intrigante cómo era tan difícil levantarme a las 6.45 para ir a trabajar después de 7 u 8 horas de sueño, pero cómo, durante de las vacaciones, solía dormir 4 horas y me despertaba incluso antes de que sonara el despertador totalmente fresco y lleno de energía. Al final, levantarte o darle al botón de repetición de alarma es una decisión que tomas. Tú decides.

Preguntas poderosas:

¿Cuánta importancia tiene una mejor forma de vida y disponer de más tiempo para ti?

27

¿"Tienes que" o "eliges"?

"Es la elección –no el azar– lo que determina tu vida."
Jean Nidetch

¿Tienes muchas cosas en tu vida que "debes" o "tienes que" hacer, pero nunca las haces? ¿Cuántos "deberías" tienes en tu vida? ¿Deberías hacer más ejercicio, ir más al gimnasio, dejar de fumar, comer más sano y pasar más tiempo con tu familia?

Esos constantes "debería" no te ayudan a llegar a ninguna parte; solo traen la idea implícita de que no eres lo suficientemente bueno y drenan tu energía, ya que generan mala conciencia y autotortura. "¿Por qué no voy al gimnasio? Qué indisciplinado soy. Nunca voy a bajar de peso", y así sucesivamente.

Haz una lista de todos tus "debería" y, luego, olvídate de ella
¿Qué? ¿Olvidarla? Sí. No estoy bromeando; ¡olvídalo! Si has tenido un objetivo desde el año pasado y no has hecho nada al respecto, entonces es mejor olvidarse de él. Si tu meta es ir al gimnasio y no has ido durante un año, suéltalo. Con el objetivo, también dejas ir la mala conciencia y el autocastigo por no llevarlo a cabo. Tira a la basura todos tus "deberías" y establece nuevos objetivos. Deja de hacer las cosas que "tienes que" hacer y, en lugar de ello, **elige tus objetivos,** y —muy importante— sustituye "debería" y "tengo que" por "elijo", "yo decido", "lo haré" y "yo prefiero". "Elijo hacer más ejercicio", "comeré más sano", "elijo leer más". ¿Cómo se siente uno al elegir estas palabras?

Es importante que disfrutes las actividades que haces, si no, no las hagas.

Pasos de acción:

1) Prueba este pequeño ejercicio:

Tengo que _____A_____.

Si no hago _____A_____, *entonces pasará* _____B_____.

Y, si _____B_____, *entonces* _____C_____ *y* _____D_____ *y* _____E_____, *y, entonces,* _____Z_____.

Prefiero _____A_____ *a* _____Z_____. *Por eso, elijo* _____A_____.

2) Haz tu lista de "deberías" y déjalos ir, o reformúlalos como "elijo" o "decido".

28

Enfréntate a tus miedos

"El miedo a sufrir es peor que el propio sufrimiento."
Paulo Coelho

*"Ganas fuerza, coraje y confianza en cada experiencia
en la que realmente te detienes a mirar el miedo a la cara.
Debes hacer aquello que piensas que no puedes hacer."*
Eleanor Roosevelt

No dejes que tus miedos te frustren, te limiten o te paralicen. David Joseph Schwartz lo expresa así: "Haz lo que temes y el miedo desaparecerá", y Mark Twain ya sabía hace más de cien años que **"dentro de 20 años estarás más decepcionado por las cosas que no hiciste que por las que hiciste."** O como una de mis frases favoritas reza: "Nunca te arrepientas de las cosas que hiciste, solo de aquellas que nunca intentaste". Así que enfréntate a estos temores. El noventa por ciento de ellos son pura imaginación de todos modos. Ilusiones. Increíbles historias de drama y de desastres que probablemente nunca sucederán e inventadas por tu mente. Te conviertes en "el director de culebrones más grande del mundo", como dice T. Harv Eker, para mantenerte en tu zona de confort. Y el problema es que las cosas geniales, como el desarrollo, el crecimiento y el éxito, suceden fuera de la zona de confort.

Los miedos son un mecanismo de supervivencia de tu mente. Tu mente quiere mantenerte seguro, y cualquier cosa que tu mente no sabe, le asusta. Tenía muchos miedos en mi vida y todavía los tengo, pero he aprendido a superarlos y, detrás de mis miedos, siembre ha habido grandes oportunidades esperándome. Así que adquirí el hábito de usar el miedo como un trampolín.

Simplemente, pregúntate: "¿Qué es lo peor que me puede pasar si hago esto?". **Luego evalúa si vale la pena asumir el riesgo o no.**

Ten cuidado. No asumir un riesgo o no salir de tu zona de confort también tiene un precio. Pregúntate a ti mismo: **"¿Qué precio estoy pagando por seguir haciendo lo mismo, y no hacer esto otro?"** ¿Es más alto, incluso, que el precio de asumir el riesgo? Esto también incluye cosas intangibles como la paz interior, la felicidad, la salud, etc. **Cambia tu relación con el miedo. Deja que te advierta y aconseje, pero no dejes que te paralice.**

Por ejemplo, yo estaba totalmente paralizado por el miedo y me quedé atrapado en mi trabajo durante cinco años a causa del miedo al cambio o a lo desconocido. Hoy en día, cuando estoy invadido por los temores y las dudas, me digo a mí mismo: "Si hay tantas dudas y temores es que debo estar en el buen camino. ¡A seguir adelante!".

Prueba cosas nuevas e intenta lo que parezca imposible. Irónicamente, muchas veces, las cosas que más temes serán las más positivas para tu desarrollo y crecimiento una vez superadas. Haz las cosas que temes: haz esa llamada que no quieres hacer, envía ese correo electrónico que no quieres enviar, pregúntale a esa persona lo que tienes miedo a preguntarle,… y a ver qué pasa. Al notar el miedo, míralo, obsérvalo, analízalo, pero no te lo creas, a no ser que tu vida esté en peligro. En cambio, pregúntale: **"Miedo, mi viejo amigo. ¿Qué estás haciendo aquí? ¿Quieres avisarme o quieres paralizarme? ¿Cuál es tu jugada?"**

¿De qué tienes miedo? ¿Fracaso? ¿Éxito? ¿Cometer errores? ¿Tomar decisiones equivocadas? Haz lo que Susan Jeffers dice: **"Siente el miedo y hazlo de todos modos".** Si quieres llegar a nuevos territorios tienes que correr algún riesgo y hacer continuamente cosas que te den miedo. Los errores no importan siempre y cuando aprendas de ellos y no cometas los mismos una y otra vez. Lo mismo ocurre con las decisiones. Y recuerda que, no tomar una decisión o procrastinar, en realidad también es una decisión.

Preguntas poderosas:

1) ¿Qué te impide vivir la vida que quieres vivir?

2) ¿Qué excusas pones para justificar mantenerte dónde estás ahora?

3) ¿Qué es lo peor que puede pasar si haces lo que temes hacer?

4) ¿Vale la pena pagar el precio?

29

Elimina todo lo que te molesta

"Las cosas grandes se hacen reuniendo una serie de pequeñas cosas."
Vincent van Gogh

"No son las montañas ante ti lo que te desgasta,
es el grano de arena en tu zapato."
Robert Service

Este suele ser uno de los primeros ejercicios que hago con mis clientes de coaching. **Todo lo que te molesta, drena tu energía.** En el coaching, lo llamamos tolerancias. Por ejemplo, un botón que falta en tu camisa favorita, la cortina de la ducha sucia, un armario de la cocina que no cierra, que tu jefe esté encima tuyo todo el tiempo, el dinero que te deben, una habitación de invitados desordenada, herramientas rotas, un escritorio desordenado y desorganizado, ropa que ya no te entra, etc. Todo eso son tolerancias. Mientras no se solucionan, siguen drenando tu energía. Tan pronto como las elimines tendrás más energía para concentrarte en las cosas que te ayudan a ir hacia adelante.

Así que tu ejercicio será hacer una lista de todas las cosas que te molestan: en tu vida privada, en tu trabajo, en tu casa, en tus amigos, en ti mismo, etc.

No te asustes si escribes entre 50 y 100 cosas. Es normal. Una vez los tengas anotados todas, agrúpalas. ¿Cuáles son fáciles de eliminar? ¿Cuáles puedes gestionar tú? Por ahora, deja las que no dependen de ti. Échales un vistazo después de dos o tres semanas. Lo más curioso que he visto con mis clientes es que, algunas de las tolerancias que no dependen de ti, desaparecen por su cuenta una vez que te ocupas de las que puedes resolver.

Por ejemplo, mi clienta Martina tenía enormes problemas con un compañero de trabajo. Él realmente drenaba su energía. Trabajó en las tolerancias que ella podía resolver y la lista era cada vez más corta. Tres meses más tarde, su colega, repentinamente, se cambió de puesto de trabajo y, después de 4 años, dejó la compañía. Pero ¿fue solo una coincidencia o fue una consecuencia de su trabajo en sus tolerancias? Te dejaré la elección a ti. El hecho es que ella es mucho más feliz en el trabajo ahora. Antes de juzgarlo como una tontería, pruébalo tú mismo y mantenme informado.

Pasos de acción:

1) Haz una lista de todas las cosas que te molestan. En tu vida privada, en tu trabajo, en tu casa, en tus amigos, en ti mismo, etc.

2) Empieza a trabajar en la lista como hemos descrito más arriba.

30

Limpia tu armario

"En pocas palabras: si no lo utilizas o
no lo necesitas, es desorden y tiene que irse."
Charisse Ward

¿Quieres que algo nuevo entre en tu vida? ¿Te has dado cuenta de que, cuando te deshaces de algunas cosas y creas espacio, el universo no tarda mucho tiempo en volver a llenarlo? Todo es cuestión de energía. Si tienes demasiadas cosas que no usas en casa, estas drenan tu energía. El coaching consiste en la mejora de todo tu entorno y eso incluye ordenarlo. Comienza con tu armario. Estos son algunos consejos:

- Si no te lo has puesto desde hace un año, probablemente no te lo pondrás más.
- Si piensas "Esto me servirá algún día" o "Esto me recuerda buenos tiempos", fuera.

Cuando pongo orden en mis cosas, suelo regalar lo que saco. Simplemente, me hace sentir mejor y, de alguna manera, creo que la vida (o Dios, o el Universo) me recompensará por ello. Una vez que hayas terminado con el armario, empieza con el resto de la habitación. Más tarde, pasa a la sala de estar, limpia tu garaje y terminarás limpiando toda la casa y hasta tu oficina. Deshazte de todo lo que no usas más: ropa, revistas, libros, CD,... incluso muebles. Y así sucesivamente. Uno de mis clientes ordenó todo su apartamento en un fin de semana. Se sentía mucho mejor y más ligero y esto le dio un impulso de energía que le ayudó a terminar un montón de sus metas a corto plazo. Nunca miró hacia atrás. ¿Cuándo vas a empezar a poner orden?

Pasos de acción:

Programa un fin de semana completo y deshazte de todo lo que no necesitas más.

Programa ese fin de semana ya.

31

El orden y las tolerancias van de la mano

"El desorden no es nada más que decisiones postergadas."
Barbara Hemphill

Aquí tienes un ejemplo de la vida real de mi cliente Lawrence, que describe, con sus propias palabras, lo que sucedió durante el proceso:

"Cuando pasaba por el proceso de poner orden en mi vida, era como si estuviese creando un nuevo sentido de libertad para mí. Antes de entender lo que significa, había estado pasando por la vida recogiendo tantos malos hábitos y pensamientos desalentadores a lo largo del camino... No eran vicios como, por ejemplo, fumar o beber. Eran más como pequeñas tolerancias aparentemente insignificantes al principio, pero que, a medida que acumulaba más y más de ellas en mi vida , las aceptaba como algo que no podía cambiar, iban creciendo hasta agobiarme mucho. Estas tolerancias me hacían sentir como si me estuviera moviendo como un perezoso. Cosas como la postergación, la falta de sueño, no estar satisfecho de mi trabajo, acostumbrarme a comer comida basura con demasiada frecuencia, machacarme a mí mismo por no lograr más éxito... En algún punto, por el camino, perdí de vista mis objetivos en la vida y permití a estas tolerancias apilarse hasta el punto en el que me sentí atrapado.

Cuando mi coach, Marc, introdujo la idea de "poner orden", para mí fue una verdadera revelación. Comprendí lo que significaba de inmediato, pero no sabía por qué estaba así o cómo arreglarlo y salir del agujero. Con las herramientas con las que Marc me ayudó a equiparme ahora puedo reconocer mis tolerancias y trabajar para sacármelas de encima. He identificado las que yo podía arreglar de forma rápida y me he librado de ellas: arreglar la ventana que no se abría, colgar los cuadros que dejé almacenados cuando me mudé, sustituir mi viejo colchón poco cómodo. También reconozco las tolerancias que necesitarán más tiempo para resolverse y trabajo en ellas constantemente, como retarme más a mí mismo en el trabajo y conseguir satisfacción de esta productividad. Las he anotado todas para no perderlas de vista y para mantenerme responsable, y anoto nuevas tolerancias que identifico en el camino.

Poner orden a las tolerancias en mi vida, que tenía mezcladas en mi mente y que me iban desacelerando, me ha hecho sentir que soy 10 veces más ligero ahora. Tengo más energía, más espíritu y más entusiasmo. Y, ordenando las tolerancias, me he dado cuenta de que mi entorno físico se ha ordenado también. Mi apartamento es más limpio y más abierto, así que me siento como si estuviese en un entorno libre de desorden en mi casa."

Gracias, Lawrence, por dejarme compartir tu historia en este libro. Tu historia es todavía hoy una gran inspiración para mí, porque me dejaste verdaderamente impresionado con el giro que diste a tu vida. Espero que tu historia sirva de inspiración para mucha gente.

32

La hora más importante del día

"Escribe en tu corazón que cada día es el mejor día del año."
Ralph Waldo Emerson

La hora más importante de tu día se compone de los treinta minutos después de despertar y los treinta minutos antes de que te duermas. En esos momentos tu subconsciente está muy receptivo, por lo que es de gran importancia lo que hagas en este tiempo. La manera de empezar tu día tendrá un gran impacto en cómo se desarrolle el resto de la jornada. Estoy seguro de que has tenido días que han comenzado mal y, desde entonces, han ido a peor. O lo opuesto, cuando te despertaste con la sensación de que todo iba a ir muy, muy bien, y luego fue así. Es por eso que es muy importante empezar bien el día.

La mayoría de nosotros simplemente entramos en estrés desde el minuto uno después de despertar, y así es como nuestros días se desarrollan. ¿Que significaría levantarte media hora o una hora antes cada mañana para ti? ¿Y si, en vez de apresurarte y tragarte el desayuno, o incluso comerlo en el camino al trabajo, te levantas y tomas media hora para ti mismo? Tal vez, incluso, puedas crear un pequeño ritual de la mañana con una meditación de 10 o 15 minutos. ¿Ves cómo esto podría mejorar tu vida si lo convirtieses en un hábito? Estas son algunas de las actividades para el ritual de la mañana. Dale una oportunidad.

- Piensa en positivo: ¡Hoy será un gran día; yo lo haré así!
- Recuerda durante 5 minutos qué agradeces en la vida.
- 15 minutos de tiempo de silencio.
- Imagínate cómo en este día que comienza todo irá muy bien.

- Mira el amanecer.
- Sal a correr o a caminar.
- Escribe en tu diario.

La última media hora de tu día tiene la misma importancia. Las cosas que hagas en la última media hora antes de dormir permanecerán en tu subconsciente durante el sueño. Así que es hora de hacer lo siguiente:

- Vuelve a escribir en tu diario.
- Ahora es el tiempo para la reflexión sobre tu día. ¿Qué has hecho genial? ¿Que podrías haber hecho aún mejor?
- Planifica tu día por adelantado. ¿Cuáles son las cosas más importantes que quieres lograr o terminar mañana?
- Haz una lista de tareas pendientes para el próximo día.
- Visualiza tu día ideal.
- Lee o escucha un audio que te inspiren.
- Escucha la música que te poner de buen humor.

Te recomiendo que no veas las noticias o películas que te alteren justamente antes de dormir. Esto es porque, cuando te estás quedando dormido, eres muy receptivo a las sugerencias. Es por eso que es mucho más beneficioso escuchar o ver material positivo.

La planificación por adelantado de tu día, con la lista de cosas que hacer, puede conllevar enormes ventajas y ahorro de tiempo. Las cosas que tienes que hacer el próximo día ya estarán en tu subconsciente y, además, tendrás la oportunidad de trabajar muy enfocado el día siguiente si ya sabes cuáles son tus prioridades.

Preguntas poderosas:

¿Cómo serán tus mañanas desde ahora? ¿Te vas a levantar 30 minutos antes y desarrollarás un pequeño ritual matutino?

¿Cuáles serán tus últimas actividades antes de ir a dormir?

33

Encuentra tu propósito
y haz lo que amas

"El propósito de la vida no es ser feliz. Es ser útil, ser honorable, ser compasivo, hacer que se note que has vivido y has vivido bien."
Ralph Waldo Emerson

*"Los dos días más importantes de tu vida son
el día que naces y el día que averiguas por qué."*
Mark Twain

Una de las cosas más importantes a lo largo del viaje de tu vida es el descubrimiento de tu propósito. Pero ¿qué significa eso exactamente? Significa hacer lo que te gusta hacer. Encontrarás tu propósito en la vida en las respuestas a las preguntas **"¿Qué harías si el éxito estuviese garantizado?"** o **"¿Qué harías si tuvieras diez millones de dólares, varias casas y hubieras viajado a todos tus destinos favoritos?"**

Pasas más tiempo en tu trabajo que con tus seres queridos, así que es mejor disfrutar de lo que estás haciendo. El estudio de Gallup llamado *"Informe sobre el estado del puesto de trabajo americano"* afirma que, hasta el 70% de las personas, no son felices en su trabajo. El 50% no están comprometidas, no están inspiradas y solo están presentes. Alrededor del 20% han renunciado internamente y están activamente desconectadas o, peor aún, saboteando a su empleador. Yo formé parte de aquel 50% durante cinco años, y era horrible. ¡Y ni siquiera me daba cuenta! Es cuando el lunes esperas que ya sea viernes, y en septiembre esperas las próximas vacaciones y, mientras, vas tirando.

Todos tenemos grandes ideas o sueños acerca de lo que podríamos ser, tener y hacer. ¿Qué pasó con tus sueños? Aquí es donde el ejercicio sobre los valores del capítulo 16 vuelve a entrar en juego. Lo ideal es construir tus metas en torno a esos valores y tener un trabajo que te permita vivir de acuerdo con tus valores. No tienes que a apresurarte a hacer algo nuevo, pero puedes empezar a hacer más cosas de las que te gustan. Suena a jerga, pero, cuando hayas encontrado tu propósito, las cosas comenzarán a ponerse en su sitio. Empezarás a atraer a la gente, las oportunidades y los recursos de forma natural, y cosas increíbles comenzarán a suceder. Nadie atrae más el éxito que alguien que está haciendo lo que le gusta hacer.

Mi amiga Yvonne siguió su corazonada, abandonó la Facultad de Derecho, y comenzó a vender zapatos en unos grandes almacenes. A ella le encanta ayudar a la gente y ama los zapatos, por lo que, para ella, la elección era obvia. Seguía su intuición, aunque la gente se burlaba de ella. Incluso la llamaron la "versión femenina de Al Bundy"[2], y esto no es un gran cumplido. Pero ella no se preocupaba por las bromas y se convirtió en la mejor vendedora en los grandes almacenes, vendiendo cientos de miles de euros en zapatos cada año. Es elegida empleada del año un año tras otro y gana un salario decente. De hecho, lo hace tan bien que los clientes VIP solo quieren ser atendidos por ella. Disfruta de cada minuto de su trabajo.

Si te sientes como si estuvieses conduciendo sin mapa o sin GPS, y realmente no sabes adónde ir, o si nunca sabes lo que realmente estás haciendo aquí y por qué, y te sientes un poco perdido y vacío, eso es una señal de que no has encontrado tu propósito. Pero no te preocupes, esto se puede arreglar rápido.

---

[2] N. del Ed.: Al Bundy es un personaje de la serie de televisión Married with Children que representa la imagen estereotípica del trabajador mal pagado, amargado y triste, en un matrimonio infeliz y con familia conflictiva.

Puedes encontrar pistas sobre tu propósito mediante el examen de tus valores, habilidades, pasiones y ambiciones, y echando un vistazo a aquello en lo que eres bueno. Aquí hay algunas preguntas más que te ayudarán. Ten la valentía de respondértelas honestamente y escribirlas. Nadie excepto tú verá las respuestas. No te las saltes, como yo hice durante 15 años. Cuando finalmente les respondí, todo cambió.

Preguntas poderosas:

¿Quién soy? ¿Por qué estoy a aquí? ¿Por qué existo?

¿Qué es lo que realmente quiero hacer con mi vida?

¿En qué momentos me siento inmensamente vivo?

¿Cuáles han sido los momentos culminantes de mi vida?

¿Qué estoy haciendo cuando el tiempo pasa volando? ¿Qué es lo que me inspira?

¿Cuáles son mis mayores fortalezas?

¿Qué haría si tuviese el éxito garantizado?

¿Qué haría si tuviese diez millones de dólares, siete casas, y hubiese viajado alrededor del mundo?

Pasos de acción:

Busca en Internet el vídeo "What if money was no object?", basado en un famoso texto del filósofo Alan Watts.

34

Da un paseo cada día

"Una caminata por la mañana es una bendición para todo el día."
Henry David Thoreau

Siempre que sea posible, sal y pasa tiempo en la naturaleza. Sal a caminar y conecta con ella. Observa una puesta de sol o un amanecer. Si vas a correr o das un paseo por la mañana, seguramente dirás que Henry David Thoreau tiene razón.

Nuestro ritmo de vida se ha vuelto tan acelerado y tan estresante que, dedicar algún tiempo a caminar por el bosque, puede proporcionarte una relajación profunda. Escucha el silencio y disfruta de él. Dar un paseo es una gran manera de revitalizar tu cuerpo y tu mente. **Un nuevo estudio de Stanford concluye que caminar incluso mejora tu pensamiento creativo.**

Cuando mi esposa pasaba por un momento difícil en el trabajo y estaba al borde del *burnout*, empezamos a dar largos paseos de una hora y media cada día. Eso la ayudó a desconectar de su jornada de trabajo estresante, a olvidar su enfado del día, y a hablar y analizar sus emociones. Gracias a esta actividad, también le resultó más fácil dormirse y consiguió una mejor calidad de sueño. Después de solo una semana, se sentía mucho mejor. Otra ventaja de los paseos largos era que se cansaba, dejaba de estar a la defensiva, e incluso empezó a prestar atención a lo que su marido tenía que decirle.

Pasos de acción:

Empieza a caminar una hora por día Hazlo durante 30 días y dime cómo te sientes.

35

¿Cuáles son tus estándares?

"Enseño a la gente a tratarme a través de lo que les permito."
Stephen Covey

Espera y exige más de ti mismo y de quienes te rodean. Si realmente quieres hacer un cambio en tu vida, tienes que elevar tus estándares. Ten una política de tolerancia cero para la mediocridad, la postergación y el comportamiento que te impide rendir más. Tus normas podrían ser, por ejemplo, decir siempre la verdad, ser siempre puntual, escuchar realmente a la gente hasta que hayan terminado,… y así sucesivamente. Mantente a ti mismo en un alto nivel y, lo que es de tanta o más importancia, establece límites para los que te rodean. Los límites son las cosas que la gente simplemente no puede hacerte, como gritarte, hacer bromas estúpidas sobre ti o faltarte al respeto. Comunícalo de forma clara y conviérte en un hábito el hacer frente, en el acto, a cualquier cosa que te moleste.

Recuerda lo que dice el refrán: "En el tono adecuado, se puede decir todo; en un mal tono, nada." El arte está en encontrar el tono adecuado. Practica decir cosas en un tono de voz neutral, igual que dirías "qué bonito brilla el sol".

Si alguien está sobrepasando tus límites, **infórmale**: "No me ha gustado ese comentario". O, "No me gusta que me hables en ese tono". Si sigue, **pide** que pare: "Te pido que dejes de hablarme así". En este punto, la mayoría de la gente lo debería comprender, pero siempre hay uno o dos que siguen. Si eso sucede, **insiste**: "Insisto en que dejes de hablarme de esta manera.". Si los tres pasos no funcionan, **sal de la situación**. Aléjate indicando de manera neutral: "No puedo tener esta conversación mientras estés así. Hablamos más tarde".

Pasos de acción:

Apúntate las siguientes cosas:

1) Cosas que ya no aceptarás en tu vida.

2) Todas las conductas de otros que ya no vas a tolerar más.

3) Todas las cosas en las que te quieres convertir.

36
Adopta una actitud de gratitud

"Sé agradecido por lo que tienes; terminarás teniendo más. Si te concentras en lo que no tienes, nunca tendrás suficiente."
Oprah Winfrey

Hazle caso a Oprah. Sé agradecido por lo que tienes, todos los días, y atraerás más cosas para agradecer. La gratitud te recarga con energía y aumenta tu autoestima. Está directamente relacionada con el bienestar físico y mental. La actitud de gratitud te conduce directamente a la felicidad y es el mejor antídoto para la ira, la envidia y el resentimiento. Haz que se convierta en parte de tu naturaleza. Sé agradecido por lo que tienes, por todas las pequeñas cosas que te rodean, e incluso por las cosas que todavía no tienes.

No digas: "Voy a estar agradecido cuando...", como lo hice yo durante muchos años. Toma el atajo, sé agradecido ahora. Comienza el día dando las gracias por lo que tienes en lugar de quejarte de lo que no tienes. Esto tendrá un efecto inmediato en tu vida. Concéntrate en las cosas buenas que se pueden encontrar todos los días. Los siguientes ejercicios son parte de cada uno de mis procesos de coaching. Hazlos y observa lo que sucede.

Pasos de acción:

1) Haz una lista de todo lo que tienes en tu vida por lo que estás agradecido. Anota todo lo que puedas pensar, TODO. (Esto debería ser una lista larga.)

2) Durante 21 días, todos los días, escribe de 3 a 5 cosas que agradeces de ese día en tu diario. Antes de ir a dormir, revive los momentos. Revive la felicidad.

37
La magia de la visualización

"La mejor manera de predecir el futuro es crearlo."
Peter Drucker

La visualización es un recurso fundamental en la construcción de experiencias. La parte subconsciente de tu cerebro no puede distinguir entre una visualización bien hecha y la realidad. Esto significa que si visualizas tus metas con mucha emoción y con gran detalle, tu mente subconsciente se convencerá de que está sucediendo realmente. A continuación se te proporcionará la motivación, oportunidades e ideas que te ayudarán a transformar tu vida en ese estado deseado.

¿Qué estoy diciendo? ¿Se pueden practicar deportes mediante pura visualización? Bueno, en realidad se puede. Hay varios estudios que confirman el poder de la visualización. Ya en la década de los 80, Tony Robbins trabajó con el ejército de Estados Unidos y utilizó técnicas de visualización para aumentar drásticamente el rendimiento de tiro con pistola. También ha habido otros estudios llevados a cabo para la mejora del porcentaje de tiros libres de los jugadores de baloncesto que utilizaron las mismas técnicas. Los resultados fueron sorprendentes.

Si te fijas bien en los atletas de todos los deportes, todos visualizan sus carreras y partidos. Mira cómo los esquiadores, pilotos de Fórmula 1, golfistas, tenistas, e incluso los jugadores de fútbol, visualizan situaciones de juego, días y horas antes de la competición real. De Jack Nicklaus, Wayne Gretzky y Greg Louganis, por nombrar algunos, se sabe que han logrado sus objetivos con la visualización.

En el coaching también utilizamos técnicas de visualización con los objetivos. Visualízate como si ya hubieras logrado el objetivo. Observa la situación a través de tus propios ojos y pon todos los sentidos en ella: huélela, escúchala, siéntela, saboréala. Cuantas más emociones pongas, más impacto tendrá. Si haces esto todos los días durante 15 minutos, con el tiempo verás enormes resultados.

Pasos de acción:

Tómate un tiempo para tu visualización diaria, ya sea en tu ritual de la mañana o en la noche antes de irte a la cama.

Puede ser útil hacer un collage de imágenes que representan tu objetivo en una hoja grande de cartón y ponlo en tu habitación o en algún lugar donde lo puedes ver. Cómprate algunas revistas y recorta las fotos que representan tus metas. Si buscas "vision board" en Google, encontrarás un montón de ejemplos.

También puedes crear un salvapantallas con varias fotos en tu ordenador. Si tu objetivo es riqueza, pon una foto de la casa de tus sueños, una foto de billetes, o lo que sea que la riqueza significa para ti.

Mira tu collage todos los días durante 5 minutos después de levantarte y durante 5 minutos antes de irte a la cama, e imagínate vivamente con tus metas ya cumplidas.

38
¿Y si...?

"Nuestras expectativas no solo afectan la forma en que vemos la realidad, sino que también afectan a la propia realidad."
Dr. Edward E. Jones

Espera siempre lo mejor. La vida no siempre te da lo que quieres, pero seguro que te da lo que esperas. ¿Esperas el éxito? ¿O pasas la mayor parte de tu tiempo preocupándote por el fracaso? Nuestras expectativas sobre nosotros mismos y sobre los demás proceden de nuestras creencias subconscientes y tienen un enorme impacto en nuestros logros. Tus expectativas influyen en tu actitud, y tu actitud tiene mucho que ver con tu éxito.

Tus expectativas también afectan tu disposición a ponerte en acción y todas tus interacciones con otros. Muchos de nosotros sabemos todo esto y, sin embargo, la mayoría de nosotros esperamos resultados negativos cuando formulamos una de las preguntas favoritas de la mente: la pregunta **"¿Y si...?"**. Al hacernos esta pregunta, **a menudo nos enfocamos en lo que no funciona**: "¿Y si no funciona?", "¿Y si no sale conmigo?", "¿Y si no consigo el trabajo?", "¿Y si no consigo el aumento?", "¿Y si pierdo mi trabajo?".

Sin embargo, esto no nos hacer sentirnos bien. No es bueno centrarse en lo que tememos. ¿Por qué no darle la vuelta y preguntarte, por cada pensamiento limitante o negativo, "Y si ocurre lo contrario?", "¿Y si funciona de maravilla?", "¿Y si ella dice que sí?", "¿Y si logro el aumento?", "¿Y si me hago millonario con esta idea?", "¿Y si encuentro con los recursos que necesito?", "¿Y si puedo hacer que suceda?", "¿Y si ahora es mi momento?",

"¿Y si este pequeño libro me ayuda a cambiar mi vida de verdad?".

Este único ajuste en la forma de hacerte una pregunta te transforma a ti, transforma tu energía y, muy probablemente, también la respuesta que obtengas. Cambia tu manera de pensar y tu diálogo interior. De repente, empiezas a hacerte preguntas "¿Y si...?" positivas en vez de preguntas "¿Y si...?" negativas.

Los beneficios de cambiar tu pensamiento serán:

- Menos estrés, miedo y ansiedad.
- Sentirás más paz interior.
- Tu nivel de energía subirá.
- Te permitirá ser el inventor de tu propia experiencia.

Pasos de acción:

Haz una lista de todos tus miedos y "¿Y si...?" negativos, y luego dales la vuelta. Pruébalo. ¿Cómo te sientes ahora mismo, justo después de leerlo?

39
Suelta el pasado

"Debemos estar dispuestos a dejar ir la vida que hemos planeado, a fin de tener la vida que nos espera."
Joseph Campbell

"Cuando suelto lo que soy, me convierto en lo que podría ser. Cuando suelto lo que tengo, recibo lo que necesito."
Lao Tse, *Tao Te Ching*

Cada momento que pasas en tu pasado es un momento que robas a tu presente y a tu futuro. Deja de revivir tus dramas, no te enganches a ello. Suéltalos. Solo si tienes el coraje de dejar ir lo viejo puedes estar abierto a cosas nuevas que entran en tu vida. No pierdas el tiempo pensando en cosas que podrían o deberían haber ocurrido, o que no funcionaron como hubieras querido en el pasado. No tiene sentido. No puedes cambiarlo. Recuerda que debes centrarte en lo que quieres, no en lo que no quieres. Si te centras en situaciones que no funcionaron en el pasado, es posible que atraigas más situaciones similares. Aprende de tus experiencias pasadas y sigue adelante. Esto es todo lo que tienes que hacer a partir de ahora. Fácil, ¿no?

Concéntrate en lo que quieres hacer bien en el futuro y no en lo que salió mal en el pasado. Tienes que dejar atrás al pasado para que estés libre y cosas nuevas puedan entrar en tu vida. Suelta equipaje viejo, acaba asuntos por resolver y cierra temas pendientes que tienes con algunas personas. Deepak Chopra tiene razón cuando dice: "Yo utilizo los recuerdos, pero no voy a permitir que los recuerdos me utilicen a mí". Completa el pasado de tal forma que puedas tener la libertad de disfrutar el presente.

A partir de ahora, adopta la actitud de terminar siempre tus asuntos pendientes. No dejes nada incompleto en tus relaciones, en el trabajo y en todas las demás áreas. Sigue avanzando.

Pasos de acción:

¿Qué es lo que no está completo en tu vida?

Haz una lista y trabaja en ello.

40

Celebra tus victorias

"Celebra aquello de lo que quieres ver más."
Thomas Peters

En tu camino hacia el cambio de tu vida y el logro de tus metas, también es importante estar al tanto de tu progreso. Párate de vez en cuando y celebra tus triunfos. Celebra que eres mejor de lo que eras la semana pasada. No dejes que tus pequeñas victorias pasen desapercibidas. Durante el trabajo con mis clientes, una de sus tareas básicas es celebrar sus pequeños triunfos. Cada paso de acción completo vale la pena celebrarlo. Por cada ejercicio de este libro que completes, disfruta de una recompensa: cómprate algo que siempre quisiste, ve al cine, haz cualquier cosa que te haga sentir bien. Si has aprendido nuevos hábitos y notas una gran mejora, haz una pequeña escapada. Te lo has ganado. ¿Con qué vas a recompensarte por tu progreso hasta el momento? ¿Vas a tener un día de spa o una cena agradable? ¿Vas a dar un paseo?

Pasos de acción:

Haz tormenta de ideas, y escribe 5 maneras de recompensarte por tus pequeñas y grandes victorias a continuación:

1._____

2._____

3._____

4._____

5._____

41

Sé feliz ¡ahora!

"La felicidad es el significado y propósito de la vida."
Aristóteles

La felicidad es un viaje, no un destino. La felicidad también es una elección. Es un estado interior, no un estado externo. La felicidad es un hábito, un estado de la mente. La felicidad son tantas cosas.

Pero lo decisivo y lo más importante es: ¿qué es la felicidad para ti? Puedes ser feliz ahora mismo. ¿No me crees? Bueno. Cierra los ojos por un momento. Piensa en una situación que te hizo muy, muy feliz. Revive esta situación en tu mente. Siéntela, huélela, escúchala. Recuerda la emoción y la alegría. ¿Y...? ¿Cómo te has sentido? ¿Ha funcionado? ¿Cómo te sientes ahora? La felicidad no depende de tu coche, de tu casa, o de cualquier cosa en el mundo exterior. Puedes ser feliz aquí, ahora mismo, con lo que tienes. No te pierdas los pequeños placeres de la vida mientras persigues los grandes. Disfruta de la belleza que te rodea. Disfruta de las pequeñas cosas.

No pospongas la vida hasta que ganes la lotería o te jubiles. Haz las cosas divertidas ahora, con lo que tienes. Vive cada día plenamente como si fuera el último. Comienza a ser feliz ahora. Sonríe tanto como puedas, incluso si no estás de humor, porque sonriendo estás enviando señales positivas a tu cerebro. Diversión y humor son esenciales para una buena y larga vida, para la satisfacción laboral, la realización personal, para unas buenas relaciones personales y el equilibrio en la vida. Así que ríe y diviértete mucho.

Preguntas poderosas:

¿Cuál de las siguientes razones tienes para ser feliz ahora mismo?:

- Tienes un (fantástico) trabajo.
- Te encanta tu trabajo.
- Tienes unos hijos fabulosos.
- Tienes una pareja que te apoya.
- Tienes unos padres que te apoyan.
- Vives en una sociedad libre.
- ...

¿Qué es la felicidad para ti? (Sé específico.)

¿Cuántas sonrisas has regalado esta semana?

¿Cuántas veces te han sonreído?

42

Lo de la multitarea es mentira

"La mayor parte del tiempo, la multitarea es una ilusión. Crees que estás haciendo varias tareas a la vez, pero, en realidad, estás perdiendo tiempo cambiando de una tarea a otra."
Bosco Tjan

Haz una cosa a la vez. Los estudios más recientes demuestran que el *multitasking* (multitarea) es, en realidad, menos productiva que hacer una cosa a la vez con un esfuerzo concentrado. Según algunos estudios, incluso te hace más lento y —cuidado, ahora— más tonto.

Incluso si piensas que estás haciendo varias cosas a la vez, en realidad, estás haciendo una cosa a la vez, ¿verdad? Es posible que tengas cinco tareas en tus manos, pero estoy seguro de que no haces las cinco cosas a la vez. Estás escribiendo un *e-mail*. Dejas de escribirlo y respondes una llamada telefónica. Cuelgas y continúas escribiendo el *e-mail*. Un compañero viene con una pregunta. Dejas de escribir tu correo electrónico y contestas la pregunta, y así sucesivamente.

Así que olvídate del *multitasking*. Concéntrate en hacer una sola cosa a la vez y hazla con concentración.

43

Simplifica tu vida

"La vida es muy simple, pero insistimos en hacerla complicada."
Confucio

"La clave no es dar prioridad a lo que está en tu agenda,
sino programar tus prioridades."
Stephen Covey

Si has empezado a aplicar a algunas de las cosas que has aprendido hasta ahora en este libro, tu vida ya debería ser un poco más simple. ¿Has puesto orden? ¿Limpiaste tu armario? ¿Has solucionado algunas tolerancias? ¿Has soltado algunas de las personas que te lastran? Fue Stephen Covey quien dijo que "la mayoría de nosotros dedicamos demasiado tiempo a lo que es urgente y no el suficiente a lo que es importante". ¿Conoces tus prioridades o simplemente estas aquí ocupándote de lo que sale, extinguiendo incendios todo el tiempo?

Tal vez es el momento de reservar un poco de tiempo a las cosas realmente importantes en tu vida. Un gran paso hacia la simplificación de tu vida es concentrarte en lo importante, en las actividades que tengan sentido para ti, y encontrar una manera de eliminar o reducir las otras actividades. Esto se puede hacer mediante la automatización, delegando, eliminando o contratando ayuda. Si quieres hacerlo todo, al final terminarás no acabando nada.

¿Tienes tu agenda demasiado llena? ¿Tienes demasiados compromisos? Simplificar consiste en reducir los compromisos y cosas en tu vida y aprender a vivir con menos. ¿Qué puedes soltar? ¿Tienes demasiada ropa y cosas? ¿Estás gastando demasiado tiempo en cocinar? ¿Por qué no buscar ayuda o, simplemente, preparar comidas más simples? ¿Quién de la familia puede ayudarte? ¿Puedes simplificar tu vida financiera con la banca en línea? ¿Por qué no pagarlo todo en efectivo y comprar solo cosas que realmente necesitas? ¿Qué hay de tu vida en Internet? ¿Pasas mucho tiempo en las redes sociales o con mensajería instantánea? Entonces podría ser el momento de disciplinarse un poco. Establece un horario fijo para estar en Internet y cúmplelo. Usa un cronómetro si es necesario. Pon orden en el escritorio de tu PC y en la bandeja de entrada de tu correo electrónico.

Mi cliente Marc hizo una "limpieza virtual", y ha tenido el mismo efecto en él que poner orden físico (¿recuerdas de la historia de Lawrence?). Soltó un gran peso que llevaba y, por lo tanto, consiguió mucha más energía. Revisa tus mensajes de correo electrónico solo en ciertos momentos del día y desactiva el aviso acústico de recepción de *e-mail* y mensajes de texto para que no te distraigan constantemente.

También es un buen momento para cancelar la suscripción a revistas que solo se acumulan y que no has leído nunca, y para preguntarte a ti mismo si realmente necesitas leer tres periódicos diferentes todos los días.

¿Estás yendo a trabajar lejos cada día? Tal vez puedes pedir a tu jefe que te deje trabajar desde tu casa una o dos veces por semana. ¿Estás trabajando demasiadas horas? Comprueba si los capítulos sobre la gestión del tiempo y sobre organizarse en este libro pueden ayudarte a reducir el tiempo que pasas en el trabajo, y a encontrar más tiempo para hacer las cosas que te gustan.

Y hazte un favor, no te lleves el trabajo a casa, ni física ni mentalmente. Si no lograste hacerlo en el trabajo, examina tu manera de trabajar y cámbiala si es posible. Esto es extremadamente importante. **Deja de pensar en el trabajo cuando**

estés en casa. Preocuparte por algo que no puedes cambiar en este momento es desperdiciar energía. Piensa en lo que puedes hacer al respecto mañana en el trabajo y olvídate del tema por ahora.

Preguntas poderosas:

¿Dónde ves un exceso en tu vida?

¿Tienes demasiadas cosas que no utilizas?

¿Tienes la agenda siempre llena?

¿Tienes tiempo para ti mismo y para las cosas que te gusta hacer en la agenda?

¿Cuáles son las tareas más importantes en tu vida diaria (en casa o en el trabajo)?

¿Cuál de estas tareas puedes delegar, automatizar o eliminar fácilmente?

44

Sonríe más

*"A veces tu alegría es la fuente de tu sonrisa, pero a veces
tu sonrisa puede ser la fuente de tu alegría."*
Thích Nhât Hanh

Sonríe. Incluso si no te apetece. El hecho de sonreír mejora la calidad de tu vida, tu salud y tus relaciones. Si todavía no lo haces, empieza a sonreír conscientemente ¡YA! Hay un estudio que se cita en muchos libros de autoayuda y blogs según el cual, los niños de 4 a 6 años de edad, se ríen entre 300 y 400 veces al día, mientras que los adultos solo nos reímos 15 veces, bien podría ser cierto. Basta con mirar nuestras experiencias personales con los niños y lo cierto es que encajan muy bien con los resultados del estudio.

Lo que sí está confirmado es que la risa y la sonrisa son muy buenas para la salud. La ciencia ha demostrado que reír o sonreír mucho todos los días mejora tu estado mental y tu creatividad. Así que ¡a reír más! Mi esposa y yo hemos decidido ver al menos una hora de comedia al día y reírnos hasta que las lágrimas nos caigan por las mejillas. Nos sentimos mucho mejor y llenos de energía desde que iniciamos este hábito. Pruébalo, también.

Un estudio realizado por Tara Kraft y Sarah Pressman, en la Universidad de Kansas, ha demostrado que la sonrisa puede cambiar tu respuesta de estrés en situaciones difíciles. El estudio mostró que puede ralentizar tu ritmo cardíaco y disminuir los niveles de estrés, incluso si te sientes feliz. La sonrisa envía una señal al cerebro de que las cosas están bien.[3]

---

[3] Echa un vistazo también al capítulo 60, "Fíngelo hasta que lo consigas", y al capítulo 61, "Cambia de postura".

Haz la prueba la próxima vez que te sientas estresado o abrumado, y dime si funciona. Si piensas que no tienes ninguna razón para sonreír, sostén un bolígrafo o un palillo con los dientes, eso simula una sonrisa y produce los mismos efectos. Si necesitas aún más incentivos para sonreír, busca el estudio realizado por la Universidad de Wayne sobre la sonrisa, que ha encontrado una relación entre la sonrisa y la longevidad. Cuando sonríes, todo tu cuerpo envía al mundo el mensaje "la vida es genial". Los estudios demuestran que las personas que sonríen son percibidas como más seguras de sí mismas y que se suele confiar en ellas más fácilmente. La gente, simplemente, se siente bien a su alrededor.

Otras ventajas de la sonrisa son:

- Emite serotonina (nos hace sentir bien).
- Emite endorfinas (disminuye el dolor).
- Reduce la presión arterial.
- Aumenta la claridad.
- Estimula el funcionamiento del sistema inmunológico.
- Da una visión más positiva de la vida (intenta ser pesimista mientras sonríes y verás lo difícil que resulta).

Pasos de acción:

Cada día, durante los próximos siete días, ponte delante de un espejo y sonríete a ti mismo durante un minuto. Haz esto un mínimo de tres veces por día y observa cómo te sientes al cabo de siete días.

45
Empieza a hacer la siesta

"Cuando no sabes qué hacer, es tiempo para una siesta."
Mason Cooley

Uno de mis ejercicios favoritos. Está demostrado científicamente que una siesta al mediodía da energía, refresca y aumenta la productividad. Para mí fue una revelación absoluta.

Durante mi período más estresante en el trabajo, cuando estuve cerca de acabar totalmente quemado porque el estrés, las amenazas de los clientes y las quejas se estaban convirtiendo en algo insoportable (a veces, parecía que estábamos haciendo cirugía de emergencia y, sin embargo, "solo" estábamos haciendo libros), comencé a hacer una siesta cada día, al mediodía, y el cambio fue extraordinario. Conseguí sentirme mucho menos estresado y mucho más calmado mientras escuchaba quejas y encontraba soluciones. Durante un tiempo, dormía de 25 a 30 minutos en un banco de un parque cercano y, más tarde, acabé poniendo dos sillas juntas en la oficina y dormía allí. Sentía como si mi jornada de trabajo tuviese, de repente, dos mitades, y el mediodía fuese la media parte. Empezaba la segunda mitad siempre fresco, y también estaba mucho más productivo, porque el cansancio típico después de comer, entre las 2 y las 5 de la tarde, se había ido.

¿Lo vas a probar? ¿Cuándo empezarás?

46
Lee media hora cada día

"El hombre que no lee no tiene ninguna
ventaja sobre el hombre que no sabe leer."
Mark Twain

Si lees durante media hora al día, eso son tres horas y media a la semana y 182 horas al año. Es un montón de conocimiento a tu disposición. Uno de mis primeros objetivos por escrito durante mi formación como *coach* era "leer más". Eso fue en un momento en el que no había leído un libro en años. Ahora estoy devorando un promedio de dos libros por semana. He estudiado más en los últimos 6 meses que en los 15 años anteriores, incluyendo mis estudios de comercio internacional. **Así que ten siempre un libro contigo.** Y si sustituyes el hábito de ver la televisión por el de la lectura de un buen libro justo antes de irte a la cama, te llevarás el beneficio adicional de una mente en paz. Leer tiene también otro efecto secundario y es que aumenta tu creatividad. Así que ¿a qué estás esperando?

Haz una lista de los 6 libros que vas a leer en los próximos tres meses. Si no sabes qué leer, echa un vistazo a mi página web para obtener algunas recomendaciones.

Pasos de acción:

Haz tu lista de libros ahora.

47

Empieza a ahorrar

"Personalmente, suelo preocuparme
por lo que ahorro, no por lo que gasto."
Paul Clitheroe

Lo enseñan todos los gurús de la riqueza. Lo leí por primera vez hace muchos años en el libro de Talane Miedaner, *Coaching para el éxito*. Este simple consejo realmente lo cambió todo para mí y fue la base para seguir mis sueños muchos años más tarde. Cuando has ahorrado lo suficiente para vivir tranquilo entre nueve meses y un año (es decir, el equivalente a entre 9 y 12 sueldos mensuales), las cosas comienzan a cambiar.

Esto es una gran ventaja. Por ejemplo, dejas de depender del estado de ánimo de tu jefe. Puedes defenderte a ti mismo y decirle "Si tiene problemas con mi manera de trabajar, dígamelo, por favor". Si en tu trabajo actual las personas no están respetando tus límites, o incluso te acosan, en el peor de los casos puedes, incluso, dejar el trabajo y encontrar otro. O tomarte un año sabático. Además, no estarás desesperado cuando vayas a una entrevista de trabajo, ya que no necesitas el nuevo trabajo tan urgentemente.

Como *coach*, para mí fue, y sigue siendo, importante tener siempre una reserva para tener la libertad de trabajar solo con mis clientes ideales y poder darme el lujo de decir "no" a los clientes con los que no hay "química" (algo que un *coach* debe hacer de todos modos porque el coaching solo funciona si hay "química"). Trabajar con alguien solo por la necesidad de dinero seguramente no traería resultados tan buenos.

Tener una reserva de 9, 12 o, incluso, 18 meses de salario

ahorrado te quita un gran peso de encima, te hace sentir mucho más seguro y te da tranquilidad. Para comenzar a ahorrar tienes que gastar menos o ganar más. La mayoría de las veces es más fácil reducir tus gastos y empezar a mirar adónde va tu dinero, o sea, apuntar los gastos. La mejor manera es quitar automáticamente de un 10 a un 20% de tu salario de tu cuenta a principios de mes, y ponerlo en una cuenta de ahorros.

Preguntas poderosas:

¿Vas a inventar una excusa para no hacerlo o lo vas a probar?

¿Cuándo vas a empezar a ahorrar?

48
Perdona a todo el que te haya hecho daño (y más a ti mismo)

"Los débiles nunca son capaces de perdonar.
El perdón es un atributo de las personas fuertes."
Mahatma Gandhi

El perdón es crucial a lo largo de tu camino hacia el éxito, la satisfacción y la felicidad. Yo he necesitado mucho tiempo para aprenderlo. ¿Por qué perdonar a alguien si la persona me hizo daño y esto es solo culpa suya? **La respuesta corta: es un acto egoísta.** Lo estás haciendo para ti mismo, no para la otra persona. No se trata de tener razón o no. Se trata de que tú estés bien y no perdiendo un montón de energía. La ira y el resentimiento y, aún peor, revivir el odio una y otra vez en tu mente, te drenan muchísima energía.

¿Quién tiene las noches sin dormir? ¿Quién está lleno de ira y no disfruta del momento presente? ¿Tú o la persona a la que no perdonas? Hazte un favor y suéltalo. Cuando un periodista le preguntó al Dalai Lama si él estaba enojado con los chinos por ocupar su país, él respondió: "No, en absoluto. Les mando amor y perdón. No es beneficioso en absoluto estar enojado con ellos. No les cambiaría, pero a mí me podría salir una úlcera a causa de mi enojo y eso, en realidad, les beneficiaría a ellos."

Adopta la actitud del Dalai Lama hacia las personas que te han hecho daño. Suéltalos, perdona a la gente que te ha hecho daño, olvida y sigue adelante. Pero ten cuidado. Si dices "yo perdono, pero no olvido" no estás perdonando. Esto no significa que no puedas poner límites a la conducta de los demás, o llamarles la atención. Pero después comprende las consecuencias y suéltalo. Al mismo tiempo, llama a las personas a las que has hecho daño y discúlpate o, si eso es demasiado incómodo, escríbeles una carta.

Pero, por encima de todo, debes perdonarte a ti mismo. Cuando aprendas a perdonarte a ti mismo será más fácil perdonar a los otros. Simplemente hazlo. Los cambios que verás, cuando logres perdonarte a ti mismo y a los demás, son increíbles.

Preguntas poderosas:

¿Cómo sería tu vida si te aceptases como eres sin criticarte a ti mismo?

¿Cómo sería tu vida si pudieses perdonarte a ti mismo y perdonar a los otros?

Pasos de acción:

1. Haz una lista de todos a quien no has perdonado.

2. Haz una lista de todo lo que no te has perdonado a ti mismo.

3. Trabaja con las listas.

49

Llega diez minutos antes

"En el tiempo que mantenemos a una persona esperando, esta reflexiona sobre nuestros defectos."
Proverbio francés

La puntualidad es una muestra de disciplina y de respeto por los demás. Sin ella puedes parecer un poco ofensivo, incluso si eres la persona más agradable del mundo.

Por supuesto que hay diferencias culturales. Por ejemplo, mientras que en México y en España la gente está muy relajada en lo que se refiere a la puntualidad, en Alemania no ser puntual es visto como muy poco profesional y podría arruinar tus posibilidades en cualquier empeño.

He aquí otro gran consejo del libro de Talane Miedaner *Coaching para el éxito* que he convertido en hábito: llegar diez minutos antes de la cita, no para ser especialmente amable y educado, sino solo para mí. Cuando empecé a llegar diez minutos antes a cualquier evento me di cuenta de que esos diez minutos me hacían sentir mucho mejor y me daban mucha tranquilidad. Cuando llegaba a un lugar no tenía prisa y, en realidad, tenía diez minutos para componer mis pensamientos y acostumbrarme al sitio y me sentía muy relajado. También me siento muy cómodo, profesional y cortés cuando llego 10 minutos antes. De hecho, ahora hasta me siento incómodo cuando llego justo a tiempo.

Pruébalo y observa por ti mismo si es algo que añade valor a tu vida o no.

50

Habla menos y escucha más

"Cuando la gente hable, debes escucharles plenamente.
La mayoría de la gente nunca escucha."
Ernest Hemingway

Una de las herramientas más importantes de un *coach*, y también una de las lecciones más importantes en mi formación de coaching, es la capacidad y la habilidad de la "escucha activa" o escuchar profundamente.

Escuchar profundamente significa escuchar a la persona que está delante de ti mientras le prestas toda tu atención. Significa acallar la pequeña voz que, en tu cabeza, ya sabe la solución para la otra persona treinta segundos después de que ésta comience a hablar.

Muchas personas no escuchan para comprender, sino para contestar. Solo están esperando a que su contraparte haga una pausa para poder empezar a hablar. **Si estás ensayando en tu mente lo que vas a decir a continuación, no estás escuchando.** No interrumpas. Escucha hasta que la persona haya terminado. Si quieres dar consejos, pide permiso. La mayoría de las veces, la persona con la que estás hablando va a encontrar su propia solución si dejas que termine de hablar. Pruébalo. Es posible llevar tus conversaciones y tus relaciones a un nivel completamente nuevo si la gente siente que la estás escuchando.

Escucha bien.

51

Sé el cambio que quieres ver en el mundo

"Sé el cambio que quieres ver en el mundo"
Mahatma Gandhi

¿Estás intentando a cambiar a otras personas? Pues tengo noticias para ti: puedes parar ahora mismo. **Es imposible.** No puedes ayudar a las personas que no quieren recibir ayuda y, simplemente, no puedes cambiar a otras personas. Así que deja de perder energía valiosa y empieza a concentrarte en lo que puedes hacer. Y eso es ser un ejemplo. Sé el cambio que quieres ver en el mundo.

¿Has oído hablar de la idea de que las otras personas son como espejos nuestros? Esto significa que las cosas que no nos gustan de ellos, a menudo, son cosas que tenemos que trabajar en nosotros mismos o equilibrarlas. En la época en la que estaba "estancado" siempre me enojaba con la falta de educación de los jóvenes que no ofrecían sus asientos a las personas mayores en el tren. Cuando observaba esto inmediatamente empezaba un diálogo interno negativo acerca de "dónde va el mundo", "esto no puede ser", "los jóvenes no tienen modales", "¿por qué debo levantarme yo que tengo casi 40 años?", "bla, bla, bla,". Hasta que un día dejé de quejarme de los jóvenes y ofrecí mi asiento. Esto me hizo sentirme bien. **Yo no soy responsable de la conducta de otras personas. Solo soy responsable de mi propio comportamiento.** Así, por ser un ejemplo, gano dos veces: una vez, por no tener este diálogo persistente negativo interior y, en segundo lugar, porque siento que he hecho algo correcto y me siento bien. Y, a lo mejor, hasta serví de ejemplo a alguien más para ofrecer su asiento a una persona mayor la próxima vez.

Una de las grandes revelaciones que mis clientes tienen sucede cuando pasan de "los otros tienen que cambiar (jefe, pareja, amigos)" a **"si cambio yo, tal vez entonces el otro también cambie"**. Puedes, literalmente, ver la bombilla encendiéndose encima de sus cabezas. **No se puede cambiar a los demás.** Lo único que puedes hacer es aceptarlos como son y ser el mejor ejemplo y persona que puedas ser. ¿Te estás quejando de tu pareja, de tus compañeros de trabajo? Sé el mejor compañero o pareja posible. ¿Te estás quejando de tus empleados? Sé el mejor jefe posible. ¿Quieres ser amado tal y como eres? Comienza por amar a otras personas tal y como son.

Preguntas poderosas:

¿Qué quieres cambiar?

¿Por qué no empezar contigo mismo?

¿Qué harás de manera diferente?

52

Deja de intentarlo y empieza a hacerlo

"No lo intentes. Hazlo o no lo hagas. Intentar no existe."
Yoda, *La guerra de las galaxias*

Puedes hacerte un gran favor a ti mismo si dejas de usar la palabra **"intentar"**. Elimínala de tu vocabulario. La palabra "intentar" implica fracaso. ¿Qué preferirías que te dijese una persona si le encargases una tarea: "Voy a intentar hacerlo" o "Voy a dedicarme a ello ya mismo"? **Hazlo o no lo hagas.**

Cuando estaba en el comienzo de mi carrera como *coach*, me di cuenta rápido de que los clientes que intentaban hacer los deberes, por lo general, no los hacían. Los que intentaban encontrar más tiempo no lo encontraban. Los que intentaban hacer ejercicio tres veces por semana no lo hacían. A partir de entonces, cuando alguien me decía: "Voy a intentarlo", yo le preguntaba: "¿Vas a hacerlo o no?".

No existe el "intentar". Es como es slogan de Nike: *"Just do it"*. Simplemente, hazlo. Si lo haces y funciona…, genial. Bien hecho. Si lo haces y no funciona… Bueno, vamos a echar un vistazo. ¿Qué salió mal? ¿Has aprendido algo de la experiencia? ¿Qué puedes cambiar para obtener el resultado que deseas? Y a por ello nuevamente. **Solo el "intentarlo" no te llevará a ninguna parte. Hazlo o no lo hagas.**

53
El poder de las afirmaciones

*"He aquí un hecho muy significativo: la mente subconsciente acepta
cualquier pedido formulado en un espíritu de fe absoluto y actúa
sobre él, aunque, a menudo, estas órdenes tienen que presentársele
una y otra vez, por repetición, antes de que sean interpretadas por la
mente subconsciente."*
Napoleon Hill, *Think and Grow Rich*

Ya hemos hablado de la importancia del diálogo interno
positivo. Una muy buena técnica es el uso de afirmaciones.
Mediante la repetición de afirmaciones positivas muchas veces
durante el día, convences a tu mente subconsciente para que crea
en ellas. Y, una vez que tu mente subconsciente está convencida,
empiezas a actuar en consecuencia y atraes las circunstancias en tu
vida y ves oportunidades en todas partes.

Es importante escribir tus afirmaciones de manera positiva y en
el presente para que tu mente subconsciente no pueda diferenciar
entre si ya es verdad o "solo" imaginación. Las afirmaciones tienen
que ser personales, indicadas de manera positiva, concretas,
cargadas de emociones y en tiempo presente. Estos son algunos
ejemplos:

- El dinero viene a mí fácilmente y sin esfuerzo.
- Las oportunidades están viniendo a mi vida en este momento,
  y lo agradezco.
- Hablar delante de una gran audiencia se me da bien.
- Tengo éxito en mi negocio.
- Estoy sano y en forma.

Utiliza afirmaciones para atraer las cosas que quieres en tu vida.

Cuanto más practiques, mejor lo harás. La primera vez que te digas: "El dinero viene a mí fácilmente y sin esfuerzo", tu voz interior quizás te siga diciendo: "Sí claro. Ni hablar." Sin embargo, después de repetirlo 200 veces cada día durante una semana, deberías haber silenciado tu voz crítica interna. Haz de tus afirmaciones tu compañía permanente. Repítelas tantas veces como quieras y echa un vistazo a lo que sucede en tu vida.

Sin embargo, hay algunos estudios que afirman que las afirmaciones, de hecho, tienen efectos negativos, cuando no consigues convencer a tu "crítico interior". Si no te reporta ningún beneficio en absoluto, prueba otras técnicas como las cintas subliminales o formúlate preguntas como: "¿Por qué soy tan feliz?", "¿Por qué está todo funcionando de maravilla?".

Noah St. John ha escrito todo un libro sobre el poder de formularte las preguntas correctas. Su libro, *The Book of Affirmations*, podía ayudarte si no tienes éxito con las afirmaciones.

54

Escríbelo 25 veces por día

"Es la repetición de afirmaciones lo que conduce a la creencia. Y, una vez que la creencia se convierte en una convicción profunda, las cosas empiezan a suceder."
Muhammad Ali

El propósito de este ejercicio es ayudarte a "martillear" tus deseos en tu mente subconsciente hasta que realmente creas que son verdad. Recuerda cómo funciona tu mente subconsciente: para crear una nueva creencia en tu sistema de creencias, tienes que repetirla una y otra vez. Aunque este ejercicio se vuelva aburrido, sigue escribiendo.

Así que ¿cómo funciona?

1) Elige tu afirmación.

2) Escríbela en primera persona: "Yo…".

3) Escríbela de manera positiva.

4) Utiliza el presente. Por ejemplo, "Estoy ganando X euros al mes".

5) Hazlo a primera hora de la mañana.

Es bueno tener un pequeño cuaderno para ello. Puedes mejorar tus resultados al hacer el ejercicio dos veces al día: por la mañana y justo antes de irte a dormir. Luego no pienses más en el resultado. No compruebes si funciona o no todo el tiempo, eso sería contraproducente. Solo escribe hasta que obtengas resultados.

55

Deja de poner excusas

"La única cosa que se interpone entre tú y tu objetivo es la historia de mierda que te sigues contando sobre por qué no puedes lograrlo."
Jordan Belfort

¿Qué sucede cuando comienzas a salir de tu zona de confort? Debido a los temores y dudas, tu mente se inventa las mejores excusas: "Ahora no es el momento adecuado", "Soy muy joven", "Soy demasiado viejo", "Es imposible", "No puedo" y, mi favorito, "No tengo dinero". Adivina qué dice la gente con dinero: "No tengo tiempo". Podrías decir "Sí, pero en mi caso es verdad…". No, no lo es. Créeme.

El momento adecuado nunca llega. Por lo que también podrías comenzar aquí y ahora o esperar para siempre. Una crisis siempre es una oportunidad. No eres ni demasiado joven, ni demasiado viejo. Busca en Internet. Está llena de historias de personas que cumplen sus sueños a una edad avanzada o inician una empresa a una edad temprana. ¿No hay dinero? ¿O simplemente lo gastas en los lugares equivocados —en la compra de una nueva televisión o la última consola de videojuegos— en vez de invertirlo en tu formación?

Lo curioso es que la gente que trabaja con un asesor financiero serio o un *coach* financiero, de repente encuentra dinero. De la misma forma que todos mis clientes que pensaban que no tenían tiempo han encontrado tiempo. Dirás "Sí, pero mi caso es diferente." Bueno, puedes seguir contándote esta historia por un tiempo más, o bien te deshaces de las excusas de una vez por todas, y empiezas a actuar, porque una cosa es segura: si sigues haciendo lo que estás haciendo, vas a seguir recibiendo lo que estás recibiendo. Así que ¿qué va a ser?

Preguntas poderosas:

¿Qué vas a elegir a partir de ahora?

¿Excusas o acción enfocada?

¿Qué excusas que utilizas para no cambiar y mantenerte en el mismo lugar?

56

Mantén las expectativas bajas y luego brilla

"Siempre entrega más de lo esperado."
Larry Page

Esta es otra gran cosa y, probablemente, el mejor truco de gestión del tiempo que he aprendido. Me cambió la vida profesional y privada de una manera extraordinaria, y redujo el estrés en el trabajo prácticamente a cero.

La mayor parte de mi estrés en el trabajo estaba causado por las fechas límite, y en mi empresa siempre estábamos luchando con las fechas de entrega, lo que hacía que los días en que nuestros productos eran enviados a los clientes —que era todos los días durante 10 meses al año— fuesen horribles y muy estresantes. Llegábamos siempre justo en el último minuto o, a veces, tal vez un par de horas tarde, y tenía que calmar a clientes enojados. Hasta que empecé a prometer menos y me di cuenta de que más del 90% de nuestras entregas con retraso eran solo una cuestión de un par de horas, así que mi jefa me dio permiso para comenzar mi propio calendario de entregas, al que solo yo tenía acceso. Si desde producción me daban una fecha de entrega —por ejemplo, el día 5—, le decía al cliente que tendría el producto el día 10. Así que, si se demoraba la producción y entregábamos el día 7, en lugar de clientes enojados y amenazándonos con sanciones o, en casos extremos, con demandas, de repente tenía clientes extremadamente agradecidos que me daban mil gracias por la entrega del producto tres días antes de la fecha prevista.

En poco tiempo habíamos reducido retrasos en las entregas de casi el 50% a prácticamente el 0% en los tres años siguientes. Como todo salió tan bien, empecé a aplicarlo a mi vida entera. Cuando mi jefa me daba un proyecto para el que necesitaba 3 días, le decía que iba a necesitar 5 días. Si lo tenía terminado al cabo de cuatro días, quedaba como un empleado genial y, si tardaba un poco más de tiempo, todavía estaba dentro del plazo y sin tener que hacer horas extras ni pasar fines de semana en la oficina.

Otro ejemplo: si un día tenía que estar en el trabajo hasta más tarde, le decía a mi pareja que calculaba que no llegaría a casa hasta las 9. Cuando volvía a casa a las ocho y media, parecía un héroe.

57

Diseña tu día ideal

"Lo veré cuando lo crea."
Dr. Wayne W. Dyer

Este es el ejercicio favorito de muchos *coaches* y el punto de partida para muchos procesos de coaching. **Diseña tu día ideal.**

¿Cómo te gustaría que fuese tu vida ideal? ¿Qué harías si tuvieras todo el tiempo y dinero del mundo? ¿Dónde vivirías? ¿Tendrías una casa o un apartamento? ¿Cuál sería tu trabajo? ¿Con quién estarías? ¿Qué estarías haciendo? Es hora de volver a soñar en grande. No te limites. Imagina tu vida ideal vívidamente. ¿Cómo te sientes?

Escríbelo en detalle. A estas alturas ya has aprendido el poder de escribir las cosas. Escribe, exactamente, cómo te gustaría que fuese tu vida ideal. Ten un cuaderno especial o un libro de recuerdos para la creación de tu día o de tu vida ideal.

Muchas personas incluso hacen un *collage* con fotos que representan sus sueños o ideales y lo colocan en algún lugar donde puedan verlo todos los días. Muy importante: que sea divertido. Son muy importantes la creación de esta visión y que la tengas en tu mente. Así que vamos a empezar:

1) Nada de distracciones. Siéntate durante una hora. Apágalo todo: el teléfono, la música, la televisión.

2) Haz que cobre vida. Descríbelo todo. ¿A qué hora te levantas? ¿En qué tipo de casa vives? ¿Cómo estás de salud? ¿Quién te rodea? ¿Cuál es tu trabajo? Recuerda que no hay límites.

3) Una vez por día, lee tu día ideal en voz alta con entusiasmo y

poniendo un montón de emociones.

O también puedes grabarte leyendo tu día ideal con emoción y escucharlo cada noche antes de dormir.

Pasos de acción:

Empieza a escribir tu día ideal ahora mismo.

58

Acepta tus emociones

"Tu intelecto puede ser confundido,
pero tus emociones jamás te mentirán."
Roger Ebert

¿Quién es el responsable de cómo te sientes? Tú. ¿Recuerdas lo que dijimos acerca de la responsabilidad y las elecciones? ¿Te acuerdas de que tienes tus pensamientos bajo control? Bueno, pues tus emociones vienen de tus pensamientos. ¿Cómo? Una emoción es energía en movimiento, una reacción física a un pensamiento. Si puedes controlar tus pensamientos, también serás capaz de controlar sus emociones. Que no te asusten. Tus emociones forman parte de ti, pero no son tú. Acéptalas. Cada emoción tiene su función. El miedo te protege. La ira te permite defenderte, poner límites, y mostrar a otros lo que te molesta. La tristeza te permite identificar una carencia. La felicidad te permite sentirte genial. Etc.

Es muy importante estar conectado a tus emociones y saber cómo expresarlas y no oprimirlas. **No te engañes a ti mismo diciendo "soy feliz" cuando no lo eres.** En lugar de eso, analiza de dónde viene la emoción. No te identifiques con la emoción. Repito: tú no eres tus emociones. Conviértete en un observador y ve donde tus emociones te lleven. Obsérvalas pasar como las nubes en un cielo azul. Acéptalas como aceptas los días de lluvia. Cuando miras por la ventana y llueve, no piensas que va a llover todo el tiempo, ¿verdad? Aceptas la lluvia como parte del clima meteorológico — no quiere decir que llueva siempre. Puedes hacer lo mismo con la ira, la tristeza, el miedo, etc. Acéptalos como parte de tu "clima psicológico". El hecho de que aparezcan en un momento determinado no significa que vayan a estar allí para siempre. Es de ayuda saber que las emociones no son buenas o malas. Simplemente son. Si quieres escribir algo para sacarlas de tu sistema, adelante. Pasarán. Las emociones son mensajeros que sentimos en nuestro cuerpo. Escúchalas. Si estás enganchado a una emoción, estás enganchado al pasado y te estás perdiendo el presente. ¿Qué es lo que realmente necesitas? Deja de buscar fuera y empieza a buscar dentro de ti.

La gestión de las emociones es la habilidad de percibir, utilizar, comprender y gestionar las emociones. La puedes utilizar para:

- Percibir y expresar emociones: permítete sentir la emoción.
- Facilitar las emociones: ¿cómo sentir una emoción diferente?
- Comprenderlas: ¿por qué está saliendo esta emoción?
- Ajuste emocional: sabes por qué has sentido esta emoción.

Es cuestión de actitud. De aceptación o rechazo. Tú eliges.

Ventajas de la gestión emocional:

- Te recuperas más rápido de problemas y contratiempos.
- Logras un empeño profesional mejor y más consistente.
- Eres capaz de evitar las tensiones que se acumulan y destruyen tus relaciones.
- Gobiernas tus impulsos y las emociones conflictivas.
- Permaneces equilibrado y sereno en momentos críticos.

El primer paso es **identificar** tus emociones y **explorarlas**, lo cual significa **permitir su expresión** y, luego, **analizar** el problema que las provocó. Conecta y habla con la emoción: respira, relájate y vuelve a vivir la situación. ¿Qué ha pasado?

Preguntas poderosas:

¿Puedes encontrar una emoción negativa?

¿Qué síntomas sientes y en qué parte de tu cuerpo?

¿Cómo te sientes? Sé específico.

59
Hazlo ya

"No se puede escapar de la responsabilidad
de mañana evadiéndola hoy."
Abraham Lincoln

"Deja solo para mañana aquello
que estés dispuesto a morir sin haber hecho."
Pablo Picasso

Escucha al Dr. Wayne W. Dyer cuando dice: "Ve a por ello ahora. El futuro no está prometido a nadie". Ese correo electrónico no escrito, el viejo amigo con el que quieres volver a ponerte en contacto, el tiempo que deseas pasar con tu familia: no lo pospongas más. Hazte un favor y deja de aplazar las cosas. Solo causa ansiedad. Y, la mayoría de las veces, te darás cuenta de que las cosas que has aplazado durante días, causándote una ansiedad tremenda y una mala conciencia, en realidad se hacen en menos tiempo del que imaginas. Una vez hechas, verás cómo luego te sientes mucho más ligero porque puedes olvidarte de ellas.

Procrastinar es evitar algo que se debe hacer. Es posponer las cosas esperando que mejoren mágicamente sin, realmente, intervenir en ellas. Pero las cosas no mejoran por sí solas, a veces hasta empeoran. Puede que procrastines por sentirte abrumado, pero la mayoría de las veces, la causa es algún tipo de miedo: el miedo al rechazo, el miedo al fracaso, incluso el miedo al éxito.

Procrastinamos de tres maneras diferentes:

1) No haciendo nada en lugar de hacer lo que se supone que deberíamos estar haciendo.

2) Haciendo algo menos importante de lo que deberíamos estar haciendo.

3) Haciendo algo más importante que lo que se supone que deberíamos hacer.

Como profesional independiente y dueño de su tiempo, mi cliente Marc tuvo que lidiar con el hecho de procrastinar a diario. Esto le causó mucha ansiedad e incluso le costó algunas noches de sueño. Era siempre el mismo patrón: aplazaba tareas y luego se sentía agobiado y ansioso. En nuestras sesiones de coaching, admitía que algunas de las cosas que le causaban esta ansiedad, en realidad, podría terminarlas en una hora. Se dio cuenta de que estaba pagando un alto precio por postergar las cosas y a partir de entonces, cuando tuviese la tentación de posponer las cosas, decidió preguntarse: ¿qué precio voy a pagar por procrastinar esta tarea? ¿Vale la pena estar agobiado y perder sueño por una tarea que podría haber terminado en una o dos horas? Así que haz lo que sea que tengas en tu mente en este momento. **No empieces mañana o la próxima semana. Comienza ahora.**

Preguntas poderosas:

¿Qué estás postergando?

¿Eres productivo o solo estás ocupado?

¿Qué es realmente importante ahora mismo?

60

Fíngelo hasta que lo consigas

"Si quieres una cualidad personal actúa como si ya la tuvieses."
William James

Actúa como si…. Actúa como si ya hubieses logrado tu objetivo. Actúa como si ya tuvieses la calidad de vida, el estilo de vida, el trabajo, etc. Si quieres tener más confianza en ti mismo, actúa como si ya la tuvieses. Habla como una persona segura de sí misma, camina como una persona segura de sí misma, ten la postura del cuerpo de una persona segura de sí misma.

Tu subconsciente no puede diferenciar entre la realidad y la imaginación. Utilízalo en tu ventaja al actuar como si ya tuvieses una fortaleza, una cualidad de carácter, etc. En la programación neurolingüística y en el coaching, a esto se le llama *modelado*. Una buena manera de tener éxito es observar y copiar a las personas que ya tienen éxito. Utilízalo para cualquier rasgo de carácter que desees. Empieza a actuar "como si…" y observa qué pasa. Fíngelo hasta que lo consigas.

Preguntas poderosas:

¿Qué cualidad quieres conseguir?

¿Cómo actuarías si ya tuvieses esta cualidad?

¿Cómo hablarías, caminarías, te comportarías, etc.?

61

Cambia tu postura

"Actúa de la manera que te gustaría ser,
y pronto serás de la manera que te gustaría actuar."
Bob Dylan

Este es un ejercicio de programación neurolingüística que proclama que, cambiar tu postura, también cambia tu mente. La gente a quien le digo esto, en general, piensan que estoy bromeando o que he perdido la cabeza. Pero antes de decir que es una tontería..., pruébalo.

Cuando te sientes triste y deprimido, por lo general, miras al suelo, caminas con los hombros bajados y adoptas la postura de una persona triste, ¿verdad? Ahora, prueba lo siguiente solo por un momento: ponte de pie, hombros para arriba, el pecho afuera, y mantén la cabeza bien en alto (incluso se puede exagerar mirando para arriba). ¿Cómo te sientes? Si sonríes y caminas en esta postura, con la cabeza bien alta, te darás cuenta de que te sientes mucho mejor. Es imposible sentirse triste caminando así, ¿no? Y ya se han llevado a cabo más investigaciones sobre este tema. Un estudio realizado por Brion, Petty y Wagner en 2009 descubrió que las personas que están sentadas de manera recta tienen mayor confianza en sí mismas que la gente que se sienta encogida.

Hay una charla TED fantástica, de Amy Cuddy, titulada "Tu lenguaje corporal define quién eres", acerca de la investigación que hizo junto con Dana Carney en la Universidad de Harvard. El estudio ha demostrado que adoptar "posturas de poder" durante 2 minutos aumenta el 20% la testosterona (que aumenta la confianza) y reduce el 25% el cortisol (que reduce el estrés).

Imagínatelo. Si tienes una presentación, reunión, competición o entrevista importante, adopta la postura de una persona segura de sí misma durante dos minutos. Pon tus manos en tus caderas y separa tus pies (piensa en el dibujo animado de "La mujer maravilla"), o inclínate hacia atrás en una silla y extiende tus brazos. Mantén la postura durante al menos dos minutos..., y ve qué pasa.

Pasos de acción:

Dedica 20 minutos a ver la charla TED de Amy Cuddy[4].

---

[4] http://www.ted.com/talks/amy_cuddy_your_body_language_shapes_who_you_are

62

Pide lo que realmente quieras

"Pedid y se os dará."
Mateo 7:7

Solo hay que preguntar. Es mucho mejor pedir y ser rechazado, que no preguntar y luego quedarte con la duda de "si lo hubiese pedido…". Pide una mejor mesa en el restaurante, pregunta si te pueden poner en clase *business* en el próximo vuelo, y pregunta por el aumento de sueldo que has estado esperando.

Pregunta. El "no" ya lo tienes como respuesta, pero tal vez te llevarás alguna sorpresa. Si preguntas, por lo menos tienes la oportunidad de conseguir lo que quieres. Pídele a tu ser querido lo que quieres. Y a tu jefe, y a tus amigos. **No esperes que lean tu mente.** Piénsalo, ¿no crees que muchas de las cosas que nos perjudican o nos hacen daño están basadas en que tenemos expectativas demasiado altas? A mí me sucedió, sobre todo, en mis relaciones románticas. Me he sentido "decepcionado" muchas veces porque mi ser querido, simplemente, no era capaz de leer mi mente. Vaya. Esto pasaba hasta que me dije "basta" y, finalmente, empecé a preguntar y pedir lo que quería.

Otro ejemplo es nuestro jefe. Estamos trabajando duro, esperando que venga ese aumento o promoción, pero no viene. Pídelo. ¿Qué es lo peor que podría pasar? Aún no lo tienes. Ya estás sin haber conseguido el aumento o la promoción. Si no lo pides, hay una alta probabilidad de que sigas así. (Si en tu trabajo los aumentos vienen solos, felicidades, sé agradecido, porque no pasa en muchos sitios.) Si preguntas, por lo menos obtendrás una respuesta y sabrás a qué atenerte.

Cuando preguntes, ten las siguientes cosas en mente:

- Pide con la intención de recibir.
- Sé consciente de que puedes recibirlo.
- Acuérdate de mantener en positivo tus pensamientos, tus emociones y tu dialogo interno.
- Pregunta a la persona que está al mando.
- Sé específico.
- Pregunta repetidamente como hacías cuando eras niño.

Pasos de acción:

1) Haz una lista de todas las cosas que te gustaría tener y por las que no preguntas.

2) Empieza a preguntar. Trabaja en la lista.

63

Escucha tu voz interior

"La mente intuitiva es un don sagrado, y la mente racional es un fiel sirviente. Hemos creado una sociedad que honra al sirviente y ha olvidado el don."
Albert Einstein

Albert Einstein ya conocía el gran don que nuestra intuición puede llegar a ser para nosotros. Escucha tu voz interior, obedece a tus corazonadas. No es fácil distinguir tu intuición de la "otra" pequeña voz en tu cabeza, la que viene de la racionalidad y con frecuencia te dice lo que debes hacer o lo que no puedes hacer. Tendrás que practicar un poco. Comienza con cosas pequeñas. Por ejemplo, con cuál es el camino más rápido para llegar al trabajo cada mañana, o si deberías llevarte tus gafas de sol aunque sea un día totalmente nublado.

Recuerdo haber practicado mi intuición en el último año en la escuela secundaria. Había dos maneras de llegar a la escuela y ambas tenían un paso a nivel. Los trenes venían de diferentes trayectos y ambos cruces de trenes estaban muy rara vez cerrados al mismo tiempo. Jugué a consultar a mi voz interior qué camino utilizar —a veces, siguiendo la intuición y, otras, yendo en contra de ella—, solo para ir a parar al paso a nivel cerrado. Hace algunas semanas estaba conduciendo por autopistas alemanas y teníamos dos opciones para llegar al destino. Quería tomar un camino pero tenía la corazonada muy fuerte de tomar el otro, aunque se veía muy concurrido. Treinta minutos después, oí en la radio que había un atasco de 25 kilómetros en la otra autopista. Habríamos quedado atrapados ahí. Di las gracias a mi voz interior de inmediato.

Probablemente, ya has experimentado con tu intuición. ¿Alguna vez te sucede estar pensando en una persona y que, un minuto más tarde, suene el teléfono y sea esa persona? ¿O piensas en alguien y, unos minutos más tarde, te encuentras con él en el centro comercial? Cuanto más practiques y más confianza pongas en esta voz interior, más fuerte se volverá, y más resultados vas a ver, y más fácil te será distinguirla de la otra pequeña voz racional de tu cabeza. Es genial.

La meditación ha demostrado ser una gran herramienta para ponerte en contacto con tu intuición. Tan solo siéntate tranquilamente e inmóvil durante cinco o diez minutos, y escucha lo que te venga. **Una vez que hayas aprendido a escuchar tu intuición, actúa sobre ella inmediatamente. Puede ser una corazonada para escribir un *e-mail* o para hablar con alguien. Si te viene en forma de idea, actúa sobre la idea.**

64
Escribe en tu diario

"Todo el mundo piensa en cambiar el mundo,
pero nadie piensa en cambiarse a sí mismo."
León Tolstói

No quería dejar pasar este ejercicio. Un ejercicio importante que recomiendo a todos mis clientes: ten un diario y reflexiona sobre tus días. Se trata de dedicar un par de minutos al final de tu día a echar un vistazo a lo que hiciste bien, a conseguir un poco de perspectiva, revivir los momentos felices, y apuntarlo todo en tu diario. Al hacer esto, recibirás un impulso extra de felicidad, motivación y autoestima cada mañana y cada tarde.

Tiene el efecto secundario positivo de que, justo antes de dormir, tu mente se estará concentrando en cosas positivas, lo cual tiene un efecto beneficioso en tu sueño y tu mente subconsciente. Tu atención se centra en las cosas positivas del día y en la gratitud, en lugar de las cosas que no funcionaron y que, probablemente, te mantendrían despierto. Para mis clientes, y también para mí, este pequeño ejercicio ha dado lugar a enormes cambios en nuestro bienestar.

Pasos de acción:

Haz el esfuerzo de contestarte las siguientes preguntas cada noche antes de dormir, y escríbelas en tu diario:

- ¿De qué estoy agradecido hoy? (Escribe de 3 a 5 elementos.)
- ¿Qué tres cosas me han hecho feliz hoy?
- ¿Qué tres cosas he hecho especialmente bien hoy?
- ¿Cómo hubiera podido hacer el día de hoy aún mejor?

- ¿Cuál es mi objetivo más importante para mañana?

No te preocupes si las palabras no fluyen de inmediato al iniciar tu ejercicio. Al igual que todas las demás cosas, lo de escribir en tu diario va a mejorar con la práctica.

Si estás bloqueado y no se te ocurre nada, solo espera cinco minutos más. Escribe lo que te venga a la mente sin pensarlo mucho y no lo juzgues. No te preocupes por tu estilo o errores. Solo escribe.

Haz esto todos los días durante un mes y observa los cambios que tienen lugar. Una agenda normal o un calendario funcionan. Yo estoy usando un librito estupendo llamado *The Five Minute Journal*.

65
Deja de quejarte.

"Nunca cuentes tus problemas a nadie. A un 20% no les importa y el 80% restante están contentos de que los tengas."
Lou Holtz

"Es mejor encender una pequeña vela que maldecir la oscuridad."
Confucio

Quejarse es como veneno para tu deseo de ser más feliz. Es un comportamiento absolutamente inútil que fomenta la autocompasión y no logra absolutamente nada. Los quejosos no son atractivos en absoluto. Es la mentalidad de una víctima, y tú ya no eres una víctima, ¿verdad?

Deja de maldecir la oscuridad y enciende una vela. Deja de quejarte de que no tienes tiempo, y levántate una hora antes.[5] Deja de quejarte sobre tu peso, y empieza a hacer ejercicio.[6] Deja de culpar a tus padres, tus profesores, tu jefe, el gobierno o la economía, y asume la responsabilidad total de tu vida.[7] No es culpa de nadie que sigas fumando, que comas alimentos poco saludables, o haber dejado de seguir tu sueño. La responsabilidad es solo tuya.

Tú eres el que da al botón de repetición de alarma en vez de levantarte media hora antes, y quien opta por el miedo ante el riesgo. No culpes a otros de no vivir una vida satisfactoria. Tú eres dueño de tu vida. Puedes hacer lo que quieras con ella. Cuanto más pronto comprendas esto, más pronto podrás avanzar en la dirección de tus sueños. Recuerda dónde mantener tu enfoque.

---

[5] Al respecto, revisa el capítulo 25.

[6] Verás más sobre este tema en el capítulo 75.

[7] Revisa el capítulo 3.

Quejarte de tus circunstancias actuales pondrá tu foco en ellas, y atraerá más de lo que no te gusta. Tienes que salir de este círculo vicioso y concentrarte en lo que deseas en su lugar.[8]

Mira dentro de ti mismo y anima tus ambiciones positivas y tu voluntad de triunfar. Ahora lánzate a crear las circunstancias que deseas. Comienza a tomar decisiones y empieza a vivir.

Pasos de acción:

1) Haz una lista de todas tus quejas.

2) ¿Qué has logrado con tus quejas?

3) Convierte tus quejas en peticiones.

---

[8] Tal y como se explica en el capítulo 12

66

Conviértete en receptor

"Puedo vivir durante dos meses de un buen cumplido."
Mark Twain

¿Te resulta difícil aceptar un regalo o un cumplido? Bueno, esto se tiene que terminar ya. Tienes que convertirte en un receptor. Es muy importante aceptar regalos y las cosas con alegría, y también es el secreto para conseguir más de lo que quieres. Si recibes un regalo y estás diciendo "oh, eso no es necesario", le estás quitando la alegría de dar un regalo a la otra persona, y lo mismo sirve para los cumplidos.

Échale un vistazo más de cerca a este comportamiento. ¿Hay un sentimiento oculto de "yo no me merezco esto" o "yo no soy digno de ello" detrás de este "eso no es necesario?". No hay necesidad de justificación. No disminuyas el placer de dar de la otra persona. Simplemente di "gracias." Me atrevo a retarte a practicar tus habilidades de recibir a partir de hoy. Si alguien te hace un cumplido, acéptalo amablemente con un "gracias". Hazte propietario del cumplido. No lo devuelvas. Puedes decir: "Gracias. Me alegro de que te sientas así." Y deja que la otra persona disfrute de la experiencia. Te ayudará mucho y llevará tu autoestima a un nivel completamente nuevo lograr erradicar los comportamientos siguientes:

- Rechazar cumplidos.
- Hacerte pequeño, como si fueras menos de lo que eres.
- Adjudicar logros a otros aunque tú te los hayas ganado.
- No comprarte algo bonito porque piensas que no lo mereces.
- Buscar lo negativo si alguien hace algo bueno para ti.

Pasos de acción:

1) A partir de ahora, solo di "gracias" por cada regalo o cumplido que recibas, no expliques ni justifiques.

2) Analiza si tienes una de las cinco conductas mencionadas más arriba. Si la(s) tienes, trabaja en ella(s).

67

Deja de pasar tu tiempo con la gente equivocada

"Hagas lo que hagas, necesitas coraje. Cualquiera que sea el curso que decidas, siempre habrá alguien que te diga que estás equivocado."
Ralph Waldo Emerson

"La persona que dice que no se puede hacer no debería interrumpir a la persona que lo está haciendo."
Proverbio chino

Vigila con quién pasas tu tiempo. Jim Rohn dijo que "eres igual al promedio de las cinco personas con las que pasas la mayor parte del tiempo", así que mejor que te lo tomes en serio. Elige pasar más tiempo con las personas que sacan lo mejor de ti, que te motivan, que creen en ti. Rodéate de gente que te empodera.

Recuerda que las emociones y las actitudes son contagiosas. La gente que te rodea puede ser el trampolín para motivarte, ganar coraje, y ayudarte a emprender las acciones correctas, pero, por otro lado, también te puede arrastrar hacia abajo, agotarte, drenar tu energía, y actuar como freno en la consecución de tus objetivos en la vida. Si estás alrededor de personas negativas todo el tiempo, te pueden convertir en una persona negativa y cínica con el tiempo. Podrían querer convencerte de quedarte donde estás y de mantenerte estancado, porque valoran la seguridad y no les gusta el riesgo ni la incertidumbre. Así que mantente alejado de los que siempre dicen "no se puede hacer", de los que siempre culpan a otros, de los que se quejan constantemente. De las personas que siempre están juzgando o chismorreando y hablando mal de todo. Y, como dijo Steve Jobs en su famoso discurso de Stanford, **"no dejes que el ruido de las opiniones de los demás ahogue tu propia voz interior"**. Va a ser difícil crecer y prosperar si las personas que te rodean quieren convencerte de lo contrario.

Contrarréstalo convirtiéndote en una persona mejor. Si creces y te desarrollas, pronto las personas negativas se apartarán de ti, porque ya no sirves para sus propósitos. Necesitan a alguien que comparta su negatividad y, si tú no lo haces, van a buscar a otro. Si esto no funciona, tendrás que preguntarte seriamente si debes comenzar a pasar menos tiempo con ellos, o dejar de verlos. **Pero esa es una decisión que tienes que tomar tú mismo.**

En toda mi vida me he alejado, automáticamente, de la gente que no me apoyaba, y nunca me arrepentí, aunque no fue fácil. Después de mi propia formación como *coach* —en la que reforcé y practiqué todos los principios que estás aprendiendo en este libro, y me cambié a mi mismo—, algunos de mis compañeros de trabajo pensaban que me había unido a alguna secta.

Pasos de acción:

1. Haz una lista de todas las personas que tienes en tu vida y con quienes pasas tu tiempo (familia, amigos, compañeros de trabajo).

2. Analiza quién es positivo para ti y quién te arrastra hacia abajo.

3. Pasa más tiempo con la gente positiva, y deja de ver a la gente "tóxica" o, al menos, pasa menos tiempo con ellos.

4. Elige rodearte de gente positiva que te apoya.

5. Mira el famoso discurso de Steve Jobs en Stanford.[9]

---

[9] http://www.ted.com/talks/steve_jobs_how_to_live_before_you_die

68

Vive tu vida

"Vuestro tiempo es limitado, así que no lo desperdiciéis viviendo la vida de otra persona. No os dejéis atrapar por el dogma que es vivir con los resultados del pensamiento de otras personas. No dejéis que el ruido de las opiniones de los demás ahogue vuestra propia voz interior. Y lo más importante: tened el coraje de seguir vuestro corazón e intuición. De algún modo, ellos ya saben lo que realmente queréis llegar a ser. Todo lo demás es secundario."
Steve Jobs

En realidad, la cita de Steve Jobs ya lo dice todo. Es difícil añadir algo a sus sabias palabras. **Vive la vida que quieres, y no la vida que los demás esperan de ti.** No te preocupes por lo que tus vecinos u otras personas piensen de ti porque, si te preocupas demasiado por lo que dicen, habrá un momento en que ya no vivas tu propia vida sino la vida de otras personas. Escucha a tu corazón. Haz las cosas que quieres hacer y, no necesariamente, las cosas que todo el mundo hace. Ten el valor de ser diferente. Paulo Coelho nos recuerda: "Si alguien no es el que los demás quieren que sea, los demás se enojan. Todo el mundo parece tener una idea clara de cómo otras personas deben conducir sus vidas, pero ninguna sobre la suya propia".

Pasos de acción:

¿En qué aspecto(s) no estás viviendo tu vida en este momento? Haz una lista.

69

¿Quién es el número uno?

"Nadie puede hacer que te sientas inferior sin tu permiso."
Eleanor Roosevelt

Ámate a ti mismo como a tu prójimo. Muchas veces ves lo bueno en los demás y no lo ves en ti mismo. La relación más importante que tienes en esta vida es la que tienes contigo. Si no te quieres a ti mismo, ¿cómo puedes esperar que otros te quieran? ¿Cómo puedes aspirar a amar a los demás, si no te amas a ti mismo primero? Vamos a trabajar sobre tu relación más importante. La mayoría de los problemas de mis clientes dependen directa o indirectamente de la confianza en sí mismos. El aumento salarial que no consiguen, la valoración que no consiguen, la relación que no encuentran. Así que suelo trabajar con ellos sobre su confianza en sí mismos mientras trabajamos en dirección a su meta. Y ¿cómo ganar más confianza en uno mismo? Primero de todo, **acéptate como eres.** No tienes que ser perfecto para ser grande. **Aprende a pasar tiempo con la persona más importante en tu vida: tú.**

El escritor y filósofo francés Blaise Pascal dice: "Todos los problemas de la humanidad provienen de la incapacidad del hombre de sentarse tranquilamente en una habitación solo". El Dr. Wayne Dyer agrega: "No te sentirás solo si te gusta la persona con la que estás a solas". Siéntete cómodo pasando algún tiempo a solas. Encuentra un lugar donde puedas desconectar de la ajetreada vida cotidiana. Nunca se dirá demasiado: **aceptarte a ti mismo es un elemento clave para tu bienestar.**

Reconoce tu valor como persona. Sé consciente de que te mereces respeto. Si cometes un error, no te machaques por él, acéptalo y prométete a ti mismo que harás todo lo que puedas para no repetirlo. Eso es todo. No tiene absolutamente ningún sentido torturarte acerca de algo que no se puede cambiar. **Sé egoísta.** No quiero decir de una manera egocéntrica, sino de la manera en que puedas estar bien contigo mismo y, así, transmitir este bienestar a tu entorno entero. Si no estás bien contigo mismo, no puedes ser un buen esposo, esposa, hijo, hija o amigo. Pero si te sientes genial, puedes transmitir estos sentimientos a todo tu entorno, y esto beneficiará a todo el mundo.

Pasos de acción:

Los siguientes ejercicios te permitirán aumentar la confianza en ti mismo:

1) El ejercicio del diario del capítulo 64.

2) Haz una lista de todos tus logros y éxitos.

3) Haz una lista de todo que haces muy bien.

4) Ejercicio de espejo. Cuéntate cuán grande eres enfrente de un espejo. Puedes sentirte raro en el inicio, pero te acostumbrarás a ello.

5) Aumenta la autoestima de alguien más.

70

Tu mejor inversión

"Una inversión en conocimiento paga el mejor interés."
Benjamin Franklin

"Si piensas que la educación es cara, prueba la ignorancia."
Derek Bok

Lo mejor que puedes hacer para tu crecimiento personal y profesional es invertir en ti mismo. Comprométete a convertirte en la mejor persona que puedas ser. Invierte en torno al 5-10% de tus ingresos en formación, libros, CD y otras formas de desarrollo personal. Mantente curioso y con ganas de aprender cosas nuevas y de mejorarte a ti mismo. Un efecto secundario interesante de invertir en tu crecimiento personal es que, mientras te conviertes en una persona más sabia, también puedes llegar a ser más valioso para tu negocio o empresa.

Hay muchas posibilidades: podrías hacer formaciones que mejoren tus habilidades de negociación, gestión del tiempo, planificación financiera, y mucho más. En un seminario de apenas dos o cuatro horas, puedes aprender estrategias o herramientas poderosas que transforman tu vida. O puedes decidir ir a por todas y contratar a un *coach* personal y, realmente, empezar a trabajar en ti mismo. Una de las mejores inversiones en mí mismo que he hecho jamás fue la contratación de un coach. Él me ayudó a salir del estancamiento, a obtener claridad sobre lo que realmente quiero en mi vida, y a cambiar mi relación con el miedo por completo. También puedes empezar de una manera menos costosa: mediante la lectura o escuchando un CD de aprendizaje o un curso. He transformado en un hábito leer al menos un libro por semana, comprar un nuevo curso cada dos meses, e inscribirme en al menos dos seminarios o cursos de formación al año.

¿Qué vas a hacer? Recuerda que los pasitos pequeños también valen.

Pasos de acción:

Escribe a qué te vas a comprometer en los próximos 12 meses:

Yo, _____, voy a leer ___ libro(s) al mes, a escuchar ___ CD de aprendizaje o audiolibros por mes, y a inscribirme a ___ eventos de formación en los próximos seis meses.

Fecha: _____

Firma: _____

71
Deja de ser tan duro contigo mismo

"Porque uno cree en uno mismo, uno no intenta a convencer a otros. Porque uno está contento con uno mismo, uno no necesita aprobación de los demás. Porque uno se acepta a sí mismo, todo el mundo le acepta."
Lao Tse

Es fácil caer en el hábito de la autocrítica por los errores del pasado, o porque las cosas no salieron como queríamos que salieran. Pero ¿de qué te sirve? De nada.

Es hora de aceptar algo aquí y ahora: no eres perfecto. Nunca lo serás, y lo mejor es que no tienes que serlo. Así que, de una vez por todas, deja de ser tan duro contigo mismo.

Ésta es una de las principales razones que impide a las personas vivir una vida feliz y plena. ¿Sabías que una gran parte de la miseria que tenemos en nuestra vida se genera porque inconscientemente pensamos que tenemos que castigarnos por algo? Me alegro de haber dejado atrás el hábito de la autocrítica exagerada y del autocastigo hace mucho, mucho tiempo. **Solo soy consciente de que lo estoy haciendo lo mejor que puedo en cualquier momento.** Eso no significa que no analice los muchos errores que he cometido y sigo cometiendo. Si puedo corregirlos, lo hago; si no puedo corregirlos, los acepto, los suelto, y me prometo a mí mismo no repetirlos, porque sé que **tendré un problema si sigo repitiendo los mismos errores una y otra vez.**

¿Crees que es demasiado difícil? ¿Quieres saber la receta

173

mágica? No está a la venta en ninguna farmacia y es gratis. ¿Listo?:

1) Acéptate como eres.

2) Perdónate. Ámate a ti mismo.

3) Mímate mucho.

¡Eso es! Fácil, ¿no? Empieza ahora.

Preguntas poderosas:

¿En qué áreas de tu vida eres demasiado duro contigo mismo?

¿Qué beneficios te da ser tan duro contigo mismo?

72

Sé tu yo auténtico

"Tenemos que atrevernos a ser nosotros mismos,
por más aterrador y extraño que este 'yo' pueda llegar a ser."
May Sarton

"Ser uno mismo, en un mundo que constantemente intenta
transformarte en algo diferente, es el mayor logro."
Ralph Waldo Emerson

Las personas más exitosas son las auténticas. Ellas no interpretan ningún papel. Ellas son lo que son. Lo que ves es lo que hay. Conocen sus fortalezas y sus debilidades. No tienen ningún problema en ser vulnerables y asumir la responsabilidad de sus errores. Tampoco temen el juicio de los demás.

No dejes que el mundo te diga lo que se supone que debes ser. Tu "yo fingido" es lo que eres cuando quieres agradar a todos los demás. Eso es cuando te pones una máscara y estás interesado en obtener información de las personas que te rodean, como colegas, amigos, vecinos, etc. **No juegues ningún papel.** Deja de pensar en lo que los demás quieren de ti, o podrían pensar sobre ti, y **date permiso para ser tu "yo auténtico".** Las recompensas son impresionantes. Curiosamente, te darás cuenta de que, cuanto más eres tú mismo, más personas se sentirán atraídas por ti. Pruébalo.

Pasos de acción:

En una escala de 0 a 10, ¿cómo cuantificarías tu nivel de autenticidad?

¿Un ocho? Enhorabuena. Estás bastante cerca. Sigue mejorando.

¿Un cuatro? Bueno: hay que trabajar un poco, pero hacer los ejercicios de este libro te ayudará a acercarte a tu yo auténtico.

Preguntas poderosas:

1) ¿Cuantos papeles interpretas?

2) ¿Quién eres cuando estás solo?

3) ¿Cuándo fue la última vez que te sentiste auténtico?

73

Mímate

"Puedes cambiar la forma en la que la gente te trata cambiando la forma en la que te tratas a ti mismo."
Anónimo

Otro de mis ejercicios favoritos para mis clientes. Escribe una lista de 15 cosas que puedas hacer para cuidarte, y haz una de ellas cada dos días durante las próximas cuatro semanas. Este ejercicio es verdaderamente milagroso. (Ejemplos: leer un buen libro, ir al cine, un masaje, ver un amanecer, sentarse al lado del agua, etc.) Una vez que empieces a tratarte muy bien, **se obrarán milagros en tu autoconfianza y en tu autoestima.**

Pasos de acción:

Haz tu lista ahora:

1_____

2_____

3_____

4_____

5_____

6_____

7_____

8_____

9_____

10_____

11_____

12_____

13_____

14_____

15_____

74

Trata a tu cuerpo como el templo que es

"Mantener el cuerpo en buena salud es un deber; de lo contrario, no seremos capaces de mantener nuestra mente fuerte y clara."
Buda

¿No es irónico? Si escuchas a la gente, la mayoría de nosotros decimos que la salud es lo más importante en nuestras vidas; sin embargo, muchas personas beben, fuman, comen comida chatarra, o incluso toman drogas, y pasan la mayor parte de su tiempo libre en el sofá, sin ninguna actividad física. Recuerda: **una vida sana está solo a una decisión de distancia.** Toma la decisión de vivir de una forma más saludable AHORA. Sigue una dieta **equilibrada, haz ejercicio regularmente,** y permanece o ponte en buena forma física para que tu cerebro tenga toda la nutrición que necesita para producir un estilo de vida positivo. Cuida tu cuerpo, ya que, si el cuerpo no está bien, la mente no puede funcionar bien, tampoco.

Pasos de acción:

¿Qué harás ahora para adoptar un estilo de vida más saludable? Apunta al menos 3 cosas:

_____

_____

_____

_____

75

Haz ejercicio al menos
tres veces por semana

*"Los que no encuentran tiempo para hacer ejercicio
tendrán que encontrar tiempo para la enfermedad."*
Edward Smith Stanley

Creo que no te traigo noticias de última hora si te digo lo importante que es hacer ejercicio. Y, aunque todos conocemos la importancia de hacer ejercicio, hay muchos de nosotros que simplemente no lo hacen. La mejor excusa siempre es: "No tengo tiempo". Pero ¿qué pasaría si alguien te dijera que tu vida depende de ello? ¿Si te dijera que, si no empiezas a hacer ejercicio ahora mismo, estarás muerto en un mes? Seguramente encontrarías tiempo, ¿no? Así que el tiempo no es el problema. Tampoco voy a invertir un montón de trabajo en convencerte de lo importante que es el ejercicio, y de cómo puedes encontrar el tiempo, porque ya lo sabes. Me limitaré a enumerar los beneficios que te aportará hacer ejercicio de tres a cinco veces por semana. Y entonces, si quieres, encuentras tiempo.

1. Hacer ejercicio te mantendrá sano.

2. Hacer ejercicio te ayudará a perder peso, lo que mejorará tu salud, y te verás mejor.

3. Hacer ejercicio te hará sentirte mejor y tendrás muchísimas más energía.

4. Una vez que los kilos empiecen a bajar, es muy posible que tu autoestima suba. Puedo confirmarlo.

5. ¿Problemas para conciliar el sueño? Haz ejercicio durante 30 minutos un par de horas antes de irte a dormir, y observa lo que produce en ti.

6. ¿Has notado alguna vez que hacer ejercicio reduce significativamente el estrés? Primero están las endorfinas, pero la otra razón es que, quizás, hasta logras dejar de pensar en las cosas que te estresan.

Además, los estudios demuestran que hacer ejercicio regularmente te hace más feliz, puede reducir los síntomas de la depresión, reduce el riesgo de enfermedades (corazón, diabetes, osteoporosis, colesterol alto, etc.), disminuye el riesgo de una muerte prematura, mejora la memoria, y muchos beneficios más. ¿Te apuntas a hacer ejercicio?

Una última sugerencia: no te fuerces a hacerlo. Disfrútalo. Busca una actividad recreativa que se adapte a ti y que te guste hacer, como la natación, por ejemplo. Incluso caminar una hora al día puede marcar la diferencia.

Pasos de acción:

1) Encuentra algunos estudios en Internet sobre los beneficios geniales de hacer ejercicio.

2) ¿Cuándo empezarás a hacer ejercicio?

3) Si piensas que no tienes tiempo, vuelve a los capítulos de gestión del tiempo.

76

Toma acción. Haz que las cosas sucedan.

"Hagas lo que hagas, o sueñes que puedes hacer, empiézalo. La audacia tiene genio y fuerza y magia en ella."
Johann Wolfgang von Goethe

"Solo soy uno, pero soy uno. No puedo hacerlo todo, pero puedo hacer algo. Y no dejaré que lo que no puedo hacer interfiera en lo que puedo hacer."
Edward Everett Hale

Uno de los secretos para el éxito y la felicidad en la vida es hacer que las cosas sucedan. Solo hablar de ellas no es suficiente. Son los resultados lo que cuenta o, como dijo Henry Ford, "no se puede construir una reputación con lo que vas a hacer". Sin acción, no hay resultados. Sin resultados, no hay información. Sin información, no hay aprendizaje. Sin aprendizaje, no podemos mejorar. Sin mejorar, no podemos desarrollar nuestro pleno potencial.

C. G. Jung lo dijo correctamente: "Eres lo que haces, no lo que dices que vas a hacer".

Hay demasiadas personas que quieren cambiar el mundo, pero nunca han cogido un bolígrafo o se han sentado delante de su ordenador para empezar a escribir un libro o un artículo, ni han hecho nada al respecto. Es mucho más fácil quejarse de nuestros políticos que intentar iniciar una carrera política o ser más activo políticamente.

Tu vida está en tus manos, así que comienza a actuar sobre tus ideas. No necesitas ir directo a los grandes desafíos inmediatamente. A estas alturas, ya has aprendido que, haciendo cosas pequeñas constantemente, cada día, puedes obtener grandes resultados.

Atrévete a hacer las cosas que quieres, y encontrarás el poder y la fuerza para hacerlas. Pero, sin falta, empieza AHORA. La mayor diferencia entre las personas que llegan a sus metas y las personas que se quedan estancadas en el camino es la ACCIÓN. Las personas que alcanzan sus metas son hacedores que están tomando acción de forma consistente. Si cometen un error, aprenden de ello y continúan; si son rechazados, lo vuelven a intentar. Las personas que se quedan estancadas solo hablan de lo que van a hacer, y no hacen nada porque siempre hay una excusa.

No esperes más. El momento adecuado nunca llega. Simplemente, comienza con lo que tienes, y ve paso a paso. Haz como Martin Luther King Jr. dijo: "Da el primer paso con fe. No tienes que ver toda la escalera, solo da el primer paso".

Preguntas poderosas:

¿Qué empezarás hoy?

77

Disfruta más

"El momento presente está lleno de alegría
y felicidad. Si estas atento, lo verás."
Thích Nhât Hanh

"La verdadera generosidad hacia el futuro
está en darlo todo al presente."
Albert Camus

Es muy importante disfrutar el momento presente. Si no lo haces, la vida pasa y ni siquiera lo notas, porque nunca estás aquí, en el momento. Cuando estás trabajando, piensas en el fin de semana; el fin de semana, piensas en todas las cosas que tienes que hacer el lunes; cuando estás tomando el aperitivo, piensas en la comida, y mientras comes estás ya pensando en el postre. El resultado es siempre de que no disfrutas plenamente ni de lo uno ni de lo otro.

Viviendo así nunca llegas a disfrutar de tu punto de poder, el único momento que cuenta: el momento presente. Eckart Tolle escribió todo un libro sobre *El poder del ahora*, que te recomiendo altamente.

Piénsalo: ¿tienes algún problema ahora mismo, en este momento? ¿Vives constantemente con la culpa por tus acciones pasadas y con miedo a un futuro desconocido?

Muchas personas están constantemente preocupadas por las cosas del pasado que no pueden cambiar, o por las cosas del futuro que en su mayoría, nunca sucederán, y mientras tanto, se pierden el ahora. Simplemente, vive el presente y disfruta del viaje.

Pasos de acción:

Recuérdate a ti mismo estar más en el momento presente.

Puedes utilizar un truco, como el de mi amigo David. Él se ha cambiado el reloj al brazo derecho. Esto le recuerda volver al momento presente cada vez que busca el reloj en su brazo izquierdo y se da cuenta de que no está ahí.

78
Deja de juzgar

"Antes de que acusarme, échate un vistazo a ti mismo."
Eric Clapton

"Antes de señalar con el dedo,
asegúrate de que tus manos están limpias."
Bob Marley

El vicio de juzgar va de la mano con los vicios de culpar y quejarse. En tu camino hacia una vida más feliz y más plena, es otro mal hábito que tendrás que dejar atrás.

Acepta a los demás sin juzgarlos y sin expectativas. Sé que es más fácil decirlo que hacerlo, pero no hay manera de evitarlo. Piénsalo de esta manera: cada vez que estés juzgando a alguien, en realidad, te estás juzgando a ti mismo. Las cosas que nos molestan más en los demás son, en realidad, las cosas que nos molestan de nosotros mismos.

Pasos de acción:
Haz una lista de lo que te molesta más de los demás.

79

Haz un acto de bondad
al azar todos los días

*"Una de las cosas más difíciles de regalar es la bondad;
por lo general, esta vuelve a ti."*
Anónimo

*"La buena acción más pequeña es mejor
que la intención más grandiosa."*
Anónimo

¿Cómo puedes hacer el mundo un poco mejor hoy y todos los días? ¿Por qué no ser amable con un extraño todos los días? Sé creativo. De vez en cuando, pago por dos cafés en lugar del único que me he tomado, y le pido al camarero que lo guarde por si alguien lo necesita y no puede pagar por completo. En el supermercado, si me dan un vale descuento del 10% para mis próximas compras, por lo general, lo doy a la persona que haya detrás de mí en la fila.

Puedes ofrecer tu asiento en el tren o el metro a alguien, o incluso, solo, regalar una sonrisa a cualquier persona que te encuentres. Reconoce a las personas con sinceridad, trata a la gente de manera genial, da las gracias de corazón, mantén la puerta abierta a alguien, ayuda a alguien que tenga las manos ocupadas con la compra, o acomoda el pesado equipaje de mano de alguien en tu próximo vuelo. Sé creativo. Comienza hoy mismo.

Lo grande de esto es que **lo que envías, vuelve**. Así que, cuando comienzas a hacer actos de bondad al azar, más bondad vuelve a ti. Hacer el bien comienza a ser lo mismo que sentirse bien. El bien que hacemos por los demás, realmente, tiene el poder de cambiarnos. **Si deseas mejorar el mundo, empieza contigo mismo. Sé el cambio que quieres ver en el mundo. Haz por lo menos un acto de bondad al azar todos los días.** Impacta en las vidas de otras personas de forma positiva y significativa. Empieza la cadena de favores.

Pasos de acción:

Comprométete a hacer un acto de bondad al azar cada día durante las próximas dos semanas.

Observa lo que pasa, pero sin esperar nada a cambio.

80
Soluciona tus problemas. Todos.

"La mayoría de la gente gasta más tiempo y energía girando alrededor de los problemas que tratando de resolverlos."
Henry Ford

Resuelve tus problemas. Enfréntate a ellos. Porque, si estás huyendo de ellos, vendrán a por ti. Si no los resuelves, se repetirán una y otra vez hasta que aprendas algo y estés listo para seguir adelante.

Por ejemplo, si cambias de trabajo a causa de problemas con un compañero al que no te enfrentas, podría pasar que, en otro puesto de trabajo, te encontrases el mismo desafío con otra persona. Esto continuará hasta que aprendas algo de la situación y resuelvas el problema de una vez por todas.

¿Te has dado cuenta de que puedes seguir encontrando el mismo conjunto de problemas en múltiples relaciones románticas, hasta que te detienes y los solucionas? Otra gran pérdida de energía es dar vueltas alrededor de los problemas y las responsabilidades, en lugar de asumir la responsabilidad y empezar a resolver los problemas. Lo detecto una y otra vez en mis clientes: posponen, bailan alrededor del problema, y terminan con un alto nivel de ansiedad, sintiéndose realmente mal.

Una vez que deciden superar sus miedos y se enfrentan al problema y lo resuelven, se sienten mucho mejor, y entonces se dan cuenta de que era mucho menos doloroso afrontar el problema y resolverlo que todo el proceso de bailar alrededor de él. Deja de buscar la solución a tus problemas "allá fuera" y empieza a buscar dentro de ti.

Preguntas poderosas:

¿Cómo puedes ser diferente?

¿Qué puedes hacer de forma diferente?

¿Qué puedes hacer TÚ para resolver el problema?

Pasos de acción:

1) Haz una lista de todos tus problemas y empieza a trabajar en resolverlos.

2) Examina tus problemas.

3) Busca si hay patrones determinados: ¿te vuelven a pasar las mismas cosas una y otra vez?

81

El poder de la meditación

"Todos las problemas de la humanidad provienen de la incapacidad del hombre de sentarse tranquilamente en una habitación a solas."
Blaise Pascal

Los beneficios de la meditación ya son ampliamente conocidos. Más y más personas han comenzado a practicarla. Sus practicantes destacan su utilidad para calmar la mente después de un día estresante y para protegerse de la ansiedad, la ira, la inseguridad e, incluso, la depresión. Otros estudios señalan que la meditación puede reducir la presión arterial y la respuesta al dolor. Es una manera fácil de combatir el estrés, y calmar nuestra mente sobrecargada de información. Simplemente, sentarse quieto durante un tiempo de 15 a 20 minutos, una vez al día, ya puede marcar la diferencia y ayudarte a recargarte. Si lo haces dos veces al día…, incluso mejor. Aquí tienes cómo comenzar tu hábito de meditar:

1. Busca un espacio donde no te molesten y solo mantente en silencio durante un rato de 15 a 20 minutos. Conviértelo en un ritual. Es beneficioso practicar en el mismo lugar y a la misma hora todos los días. ¿Te acuerdas de la magia de las horas de la madrugada? Tal vez ese es, también, un buen momento para la meditación.

2. Antes de empezar, utiliza el poder de las afirmaciones para conseguir entrar en un estado de relajación, diciendo, por ejemplo: "Ahora estoy centrado y tranquilo".

3. Pon el despertador al cabo de veinte minutos para que no te preocupe cuándo detener tu meditación, y para que seas

plenamente capaz de concentrarte.

4. Siéntate o acuéstate, y cierra los ojos. También puedes dejar los ojos abiertos y centrarte en un punto en la habitación o en la naturaleza si estás sentado frente a una ventana.

5. Mientras vayas centrándote, concéntrate en tu respiración y empieza a relajarte.

6. Cuando tu mente se distraiga, déjala ir. No te resistas. Observa tus pensamientos pasar como nubes en el cielo azul y, simplemente, vacía la mente. Visualiza tu mente tranquila como un lago sin la menor ondulación.

Meditar durante 20 minutos al día, sin duda, te proporcionará grandes resultados una vez que lo hayas transformado en un hábito. Los seis pasos mencionados anteriormente son solo una sugerencia. La meditación no se puede hacer mal, y solo tú sabrás lo que te funciona mejor. También hay una gran cantidad de información en Internet, así como clases y seminarios que pueden estar disponibles cerca de donde vivas. Lo más importante es, como todo en este libro, la ACCIÓN. **Pruébalo.**

82

Escucha tu música favorita a diario

"La vida es una gran y dulce canción, así que ¡inicien la música!"
Ronald Reagan

Una manera fácil de sentirse feliz al instante es escuchar tu música favorita. Haz una banda sonora con tus temas favoritos de todos los tiempos y escúchalos, baila, canta. Puede que te sientas extraño al principio, pero hacer esto todos los días va a ser muy beneficioso.

Pasos de acción:

¿Cuáles son tus 5 canciones favoritas de todos los tiempos?

1._____

2._____

3._____

4._____

5._____

Haz una lista de reproducción en tu iPod, teléfono u ordenador y comienza ahora mismo a escucharla.

¿Cómo te sientes después de escuchar tus canciones favoritas? ¿Algún cambio en tu estado de ánimo?

¿Qué pasaría si hicieras un hábito diario de esto?

83

Nada de preocuparse

"Si un problema se puede arreglar, si la situación es tal que se puede hacer algo al respecto, entonces, no hay necesidad de preocuparse. Si no se puede arreglar, entonces, preocuparse no ayuda. No hay ningún beneficio en absoluto en preocuparse."
Dalai Lama XIV

Muchas personas están constantemente preocupadas. Se preocupan por cosas que sucedieron en el pasado, que no pueden cambiar; cosas del futuro sobre las que no tienen ninguna influencia; o acerca de la economía, las guerras y la política, sobre las que no tienen ningún control. Es incluso más absurdo que la mayoría de las catástrofes que te preocupan resulten ser mucho menos horribles en la realidad o simplemente nunca vayan a suceder. Mark Twain tenía razón cuando dijo: **"He tenido un montón de preocupaciones en mi vida, la mayoría de las cuales nunca sucedieron".**

Ten en cuenta que, **independientemente de lo mucho que te preocupes, no vas a cambiar ni el pasado ni el futuro.** Preocuparte, por lo general, no mejora las cosas, ¿verdad? En su lugar, te arrastra hacia abajo, y te hace perderte el momento presente.

Ya comprendes la pérdida de tiempo y energía que es preocuparte, pero permíteme darte otro ejemplo. Este ejemplo es del libro de Robin Sharma *Lecciones sobre la vida del monje que vendió su Ferrari.* Un gerente que hizo uno de los ejercicios que Robin sugiere en sus seminarios identificó lo siguiente: el 54% de sus preocupaciones eran sobre cosas que probablemente nunca sucederían. El 26% estaban relacionadas con acciones de su pasado, que no podía cambiar. El 8% estaban relacionadas con opiniones de gente que ni siquiera le importaba. El 4% eran cuestiones personales de salud que ya había resuelto. **Solo el 6% eran problemas que necesitaban su atención.** Al identificar sus problemas y soltar aquellos ante los cuales no podía hacer nada, o que solo le hacían perder energía, el hombre eliminó el 94% de las preocupaciones que le habían torturado tanto.

Pasos de acción:

Haz una lista de tus preocupaciones:

- ¿Cuáles están relacionadas con el pasado?
- ¿Cuáles están relacionadas con el futuro?
- ¿Cuáles están fuera de tu control?
- ¿Cuáles son aquellas en las que puedes, realmente, hacer algo?

¿Cómo queda la lista si tachas todas las preocupaciones que están en el pasado, en el futuro y fuera de tu control?

84

Utiliza tu tiempo de viaje sabiamente

"El tiempo es lo que más queremos pero peor utilizamos."
William Penn

¿Cuánto tiempo estás gastando cada día de camino al trabajo? Las estadísticas dicen que son entre 60 y 90 minutos por día de trabajo. Eso significa que, en un mes, estamos hablando de un tiempo entre 20 y 30 horas. ¿Quién dijo: "No tengo el tiempo suficiente"? En un momento, hemos encontrado otras 20 ó 30 horas por mes para leer (si viajas en transporte público), o escuchar charlas o audiolibros en tu coche. ¿Qué pasaría si realmente pasases ese tiempo escuchando CD, MP3 motivadores, o leyeses libros inspiradores, en vez de escuchar las noticias negativas en la radio o leerlas en el periódico?

Pasos de acción:

¿Estás listo para probarlo? ¿Cuándo empezarás?

Hazlo durante dos semanas y luego me cuentas cómo ha cambiado tu vida.

85

Pasa más tiempo con tu familia

"La familia no es 'una cosa importante'; la familia lo es todo."
Michael J. Fox

Walt Disney dijo una vez: "Un hombre nunca debería descuidar a su familia por el negocio." Aun así, tengo que dedicar un capítulo adicional a este punto. Solo para asegurarme de que no te lo saltes. Es un poco triste que tenga que mencionarlo pero, cuando entrevisto a líderes y ejecutivos, la mayoría de las veces ocurre que, simplemente, no pueden pasar mucho tiempo con sus familias.

En el libro *Regrets of the Dying*, de Bronnie Ware,[10] leemos que uno de los mayores arrepentimientos de los moribundos es no haber pasado más tiempo con sus familias, y haber pasado demasiado tiempo en la oficina. No te conviertas en uno de ellos y **empieza a reservar tiempo a tu familia AHORA.**

Y, si estás con la familia, hazles un favor a todos y estate presente al 100%. El año pasado, estando de vacaciones en los cayos de la Florida, observé una situación absurda. Una familia estaba dando un paseo turístico, con el padre corriendo por delante haciendo una llamada de teléfono de negocios (lo sé porque hablaba a gritos), mientras que la esposa y la hija le seguían con un mirada triste que era comprensible. ¡Además era domingo! Parecía algo sacado de un cómic y, sin embargo, era muy real y triste de ver.

Despierta. Valora a tu familia y a tus amigos. Ellos son tu fuente constante de amor y apoyo mutuo, lo que aumenta tu autoestima y

---

[10] En el capítulo 94 te hablaré más sobre los descubrimientos de Bronnie Ware

tu confianza en ti mismo.

Preguntas poderosas:

¿Cómo vas a encontrar más tiempo para tu familia? (Consejo: utiliza los capítulos sobre gestión del tiempo de este libro.)

¿Qué vas a dejar de hacer para obtener más tiempo?

86
No seas un esclavo de tu teléfono

*"Los hombres se han convertido en
las herramientas de sus herramientas."*
Henry David Thoreau

Volviendo al padre ocupado mencionado en el capítulo anterior, este consejo viene muy bien: **no estás obligado a responder el teléfono cada vez que suena.** El teléfono se supone que es para tu comodidad, no para la comodidad de quienes te llaman. Date la libertad de continuar lo que estés haciendo y de que la llamada vaya al buzón de voz. Hace algún tiempo siempre me ponía ansioso cuando tenía llamadas perdidas. Pensaba que realmente me había perdido algo. Mi compañero de piso, Pol, estaba mucho más tranquilo al respecto. Solo contestaba el teléfono cuando él quería, cuando le daba la gana, y, si no, simplemente seguía haciendo lo que estaba haciendo, sin molestarse. Me empezó a gustar la idea, y trabajé en la adopción de esta mentalidad "zen" de no coger el teléfono diciéndome: "Volverán a llamar". También aprendí que, si se trata de una cosa muy importante, la persona que llama no se dará por vencida y, probablemente, llamará cinco veces en tres minutos.

Pasos de acción:

Pruébalo. No seas un esclavo de tu teléfono y utiliza el buzón de voz a tu favor.

87
Cómo lidiar con los problemas

"Cada problema lleva en sí mismo la semilla de su propia solución. Si no tienes ningún problema, no recibirás semillas."
Norman Vincent Peale

¿Tienes muchos problemas? ¡Felicidades! Tienes muchas oportunidades para crecer, ya que un problema es siempre una oportunidad para crecer aprendiendo de él. Así que vamos a echarle un vistazo de cerca.

Hace más de 20 años, cuando empecé a trabajar en Disneyworld, en Orlando, a los novatos nos enseñaron que la palabra "problema" no existe en el vocabulario de un empleado de Disney: "Aquí no tenemos problemas, solo retos". El Dr. Lair Ribeiro escribe: "Tus problemas son tus mejores amigos", y el "gurú" de liderazgo, Robin Sharma, nos pide ver nuestros problemas como bendiciones. Entonces ¿qué son los problemas?

¿Retos, bendiciones, amigos? ¿O los tres a la vez? ¿No consiste la vida en afrontar un problema tras otro? **Lo que marca la diferencia es cómo te enfrentas a él y cómo aprendes de él.** Cuando empiezas a aprender de tus problemas, la vida se vuelve mucho mejor. Mira hacia atrás y observa los problemas que has tenido en tu vida. ¿No tenía cada uno de ellos algo positivo?

Tal vez, una pérdida en los negocios te salvó de una pérdida aún mayor, porque has aprendido de la situación.

En tiempos difíciles puede ser muy beneficioso adoptar la creencia de que la vida (o Dios, o el Universo) solo pone un problema en tu camino si eres capaz de resolverlo.

Preguntas poderosas:

1) ¿Qué problemas tienes en tu vida ahora mismo a los que todavía no has encontrado la solución?

2) Haz una lista de tus problemas.

3) ¿Qué cambiaría si empezases a ver estos problemas como retos u oportunidades? ¿Cómo te sentirías?

88

Tómate un tiempo libre

"Hay más en la vida que aumentar su velocidad."
Mahatma Gandhi

Con la vida estresante, de ritmo rápido, que vivimos, ralentizar tu ritmo de vida y tomarte un descanso se vuelve aún más importante. Tómate un poco de tiempo libre. Recarga las baterías en la naturaleza. Puedes comenzar mediante la programación de un tiempo de relajación en tu horario semanal que, a estas alturas, espero que ya estés planificando. Si te atreves, comienza con unos fines de semana en los que estés completamente desconectado de Internet, la televisión y los juegos electrónicos.

Unas de las mejores vacaciones de mi vida —si no las mejores— las pasé navegando por el Canal del Midi, en el sur de Francia. Sin teléfono móvil, sin Internet, sin televisión. Solo patos. La velocidad máxima del barco era de 8 km/h, así que estábamos literalmente "obligados" a reducir la velocidad y relajarnos. Cuando estás flotando en el canal, los niños en bicicleta te alcanzan y te avanzan por los caminos paralelos al canal. Las aldeas por las que pasas en el trayecto a veces son tan pequeñas que no tienen ni siquiera un supermercado. Así que todo el viaje se reduce a la pregunta: "¿Dónde vamos a conseguir comida?". Pero no te preocupes. Siempre hay un restaurante cerca, aunque lo encantador es cocinar tus propias comidas en el barco y cenar en el puerto viendo la puesta de sol o, simplemente, estar en la naturaleza. Una vez montamos una cena en medio de un viñedo. No tiene precio. Tampoco lo tiene caminar hasta un pequeño pueblo francés por la mañana para conseguir tu baguette recién hecha para el desayuno en la única panadería local. Nos levantábamos al amanecer y nos íbamos a la cama dos partidas de ajedrez después de la puesta del sol. O, como mi esposa lo describe, "nos levantábamos con los patos y nos íbamos a dormir con los patos".

Tómate un descanso y entra en contacto con la naturaleza. No tiene que ser un viaje largo. Pasea por el bosque, por la playa o por el parque cada vez que tengas la oportunidad, y observa cómo te sientes después. O, simplemente, túmbate en un banco o en el césped y contempla al cielo azul. ¿Cuándo fue la última vez que caminaste descalzo sobre la hierba o en una playa? ¿Comprendes la importancia que tiene relajarte, recuperar energía y disfrutar de un tiempo libre? Espero que sí.

Pasos de acción:

Programa un tiempo de relajación en tu agenda ahora mismo y conviértelo en hábito.

89
Una alegría cada día

"Creo que la clave para la felicidad es alguien a quien amar, algo que hacer y algo con que ilusionarse."
Elvis Presley

No dejes que la rutina y el aburrimiento entren silenciosamente en tu vida. Crea cosas que te alegren el día después de una dura jornada de trabajo en lugar de, simplemente, terminar en frente de la televisión todas las noches. Estos son algunos ejemplos:

- Tómate un tiempo para ti solo.
- Da un paseo en la naturaleza con tu pareja.
- Tómate un baño relajante, o haz un "día de *spa*".
- Celebra algo: que tengas trabajo, tu familia, la vida misma,…
- Llama a un amigo al que no has llamado en mucho tiempo.
- Llévate a alguien a comer.
- Regálate un masaje.
- Tómate una caña.
- Ve al cine, al teatro o a un concierto.
- Deja que te hagan una manicura o pedicura.
- Organiza una "Noche de Cine" en casa.
- Mira un amanecer.
- etc.

Pasos de acción:

Comienza a reservar algo de tiempo para los momentos especiales en tu agenda.

90

Sal de tu zona de confort

"A medida que te mueves fuera de tu zona de confort, lo que una vez fue desconocido y aterrador se convierte en tu nueva normalidad."
Robin Sharma

"Uno puede elegir ir de nuevo hacia la seguridad o avanzar hacia el crecimiento. El crecimiento debe ser elegido una y otra vez; el miedo debe ser superado una y otra vez."
Abraham Maslow

Se suele decir que "la magia sucede fuera de tu zona de confort". Pero… ¿qué diablos es la zona de confort?

La siguiente metáfora lo describe muy bien: si pones una rana en una olla de agua hirviendo, la rana salta hacia fuera. Pero, si la pones en una olla y empiezas a calentar el agua poco a poco, no reacciona y muere hervida.

Y esto es lo que sucede con muchas personas que están atrapadas en su zona de confort sin ni siquiera saberlo. Tu zona de confort es el límite de tu experiencia actual. Es lo que estás acostumbrado a hacer, pensar o sentir sobre la base de tu nivel actual de conocimientos. Es el lugar que es agradable y acogedor, y donde sabemos, la mayoría de las veces, exactamente lo que va a suceder. Es el lugar donde vives la vida en "piloto automático". Es también el lugar donde el cambio no sucede.

El crecimiento y el desarrollo personal ocurren fuera de tu zona de confort. Así que, si quieres cambiar de trabajo, iniciar una empresa, ser creativo, salir de una relación que ha dejado de funcionar, tienes que salir de tu zona de confort. Por desgracia, es más cómodo quedarse donde estás, y tu mente está haciendo todo lo posible para mantenerte allí.

Cuando yo estaba atrapado en un trabajo que ya no me gustaba, me sorprendí a mí mismo diciendo todo el tiempo: "Bueno, no es tan malo. Quién sabe, tal vez en otro trabajo sería aún peor". Vigila cuando pienses así. Quizá sea verdad; agradece entonces lo que tienes. Pero el miedo al cambio también nos habla de la misma manera. Yo continué en un trabajo que ya no tenía sentido para mí aún más tiempo. El lunes ya estaba esperando el viernes y, cuando volvía de mis vacaciones, ya estaba ansiando las siguientes. ¿Te lo imaginas? Debería haber visto la charla de Steve Jobs en Stanford algunos años antes. Jobs tenía una gran técnica: cada día, se miraba en el espejo y se preguntaba: **"¿Si este fuera mi último día en la tierra, haría lo que voy a hacer hoy?"**, y si él se contestaba "no" a sí mismo durante demasiados días seguidos, cambiaba.

Ten cuidado si utilizas esa técnica **porque, una vez que empiezas a formular esta pregunta, todo cambia.** Al salir de tu zona de confort y comenzar a aventurarte hacia lo desconocido, empiezas a crecer. **Comenzarás a sentirte incómodo y raro. Esa es una buena señal. Esa es en realidad una señal de que estás creciendo y avanzando.** Actúa a pesar del miedo y de la duda.

Preguntas poderosas:

1) ¿Cómo te puedes retar a ti mismo a salir de tu zona de comodidad con pequeños pasos?

2) ¿Hay algo que te incomode que puedes hacer ahora mismo?

91

¿Qué precio estás pagando por no cambiar?

"El precio de hacer las mismas cosas de siempre es mucho más alto que el precio de cambiar."
Bill Clinton

Otra pregunta que me obligó a salir de mi zona de confort cuando estaba evaluando mi situación fue: "**¿Cuál es el precio que estás pagando por no cambiar?**". Corría el riesgo de acabar seriamente quemado. Por supuesto, era muy arriesgado no aferrarme a mi puesto y abandonar un empleo seguro, sin luchar, en la peor crisis económica que el mundo había visto desde hacía tiempo. Pero ¿cuál era el precio que estaba pagando si me quedaba? ¿Graves problemas de salud? No, gracias amigo. Me voy de aquí. Desde entonces, nunca he mirado atrás. A veces, cuando no tomas decisiones, las decisiones se toman por ti, pero suele haber mucha ansiedad y mucho malestar entremedias. Mejor toma tú las decisiones.

Hace muchos años, mi jefe en Volkswagen de México me pidió consejo y dijo: "Marc, no sé qué más hacer. Estoy cerca de un colapso debido al estrés, pero tengo un contrato *expat*[11] de tres años y, si lo rompo, voy a ser visto como un fracasado en la sede en Alemania. ¿Qué harías tu?" Yo le dije: "Mira, tu salud es lo más importante que tienes. Si este trabajo afecta aún más a tu salud, vete. Porque, si tienes un ataque al corazón y mueres, la gente que

---

[11] N. del Ed.: Un contrato *expat*, o contrato de expatriado, es un acuerdo laboral por el que una empresa, generalmente una multinacionales, envía a un trabajador a vivir y trabajar a otro país. El contrato puede incluir beneficios como vivienda, colegio para los hijos en el país extranjero, etc.

ahora mismo te está haciendo la vida imposible, en tu funeral, delante de tu esposa e hijo, dirá que has sido un tío genial, y que te echan de menos, y que ha sido un placer trabajar contigo. Estoy hablando desde mi propia experiencia personal: las personas que más acosaron a mi padre en su trabajo querían hablar en su funeral. Increíble."

Dos meses después, se puso en contacto conmigo desde Alemania. Él todavía tenía un contrato *expat*, sin embargo, había regresado a Alemania y estaba trabajando en un nuevo proyecto en condiciones de trabajo mucho mejores. La vida es un milagro: al final siempre sale bien.

Pero siempre hay un precio que estás pagando, y tú decides si quieres pagarlo y vivir con las consecuencias. El precio que pagas si quieres ponerte en forma es que tienes que hacer ejercicio. El precio que pagas por no hacer ejercicio es el sobrepeso. Si deseas más tiempo, el precio que tendrás que pagar es levantarte una hora antes o ver menos televisión. El precio que pagas por procrastinar cosas es la ansiedad y el malestar. **Elige tu sufrimiento con sabiduría.**

Preguntas poderosas:

¿Estás pagando un precio por hacer lo mismo de siempre? ¿Cuál?

92
Todo es pasajero

"No se pueden conectar los puntos mirando hacia adelante, solo puedes conectarlos mirando hacia atrás. Así que tienes que confiar en que los puntos se conectarán de alguna manera en tu futuro."
Steve Jobs

"No importa lo lento que vayas mientras no te detengas."
Confucio

Todo es pasajero. Todos los triunfos, las derrotas, las alegrías, las tristezas que nos suceden en nuestra vida, pasan. Lo que parece ser muy importante hoy no lo es más en uno o tres meses. **Y lo que parece ser un desastre hoy, puede ser una gran experiencia de aprendizaje dentro de tres meses.**

Cuando estuve sin trabajo durante nueve meses después de terminar la universidad, cuando fui rechazado por innumerables empresas, todos mis amigos me tenían mucha lástima. El que más se compadecía de ello era yo mismo pero, de alguna manera, en mí interior, sabía que todo el rechazo se debía a que algo mejor me estaba esperando. Al final, empecé a trabajar en Barcelona, una de las ciudades más bellas del mundo, con mucha cultura, playas, un clima fantástico, un gran equipo de fútbol y cerca de 300 días de sol al año (algo muy importante para mí entonces). Mis amigos pasaron directamente de la lástima a la envidia, y yo pasé de ser el "pobre Marc" al más envidiado de todos.

Observa la vida con un poco más de facilidad y sobriedad sabiendo que las desgracias pasan. O, como Rudyard Kipling dice es su fantástico poema titulado "Si": "Si puedes encontrarte con el triunfo y el desastre y tratar a estos dos impostores de la misma manera; [...] tuya es la tierra y todo lo que hay en ella [...]". **Mantén tu atención en lo que quieres, y sigue adelante.**

¿Conoces la expresión "En 6 meses nos reiremos de esto."? **¿Por qué no reírse ya, ahora mismo?** Esta frase, en realidad, me acompañó en mis estudios de comercio internacional. Recuerdo muchas noches antes de los exámenes, de madrugada, cuando estaba totalmente estresado y al borde del colapso, pensando NO PUEDO MÁS. Fallar uno de estos exámenes habría significado salir de la universidad o, peor aún, ser expulsado. Mi amigo Jorge, con quien compartía esas noches previas a los exámenes, siempre se reía y decía: **"Marc, tranquilo. En 6 meses vamos a reírnos de esta noche.".**

En realidad, incluso ahora, casi 20 años después, todavía nos reímos de esas historias. Prueba esta técnica. Espero que te ayude de la misma manera que me ayudó a mí.

Pasos de acción:

Acuérdate de los tiempos difíciles en tu vida, y de cómo saliste de ellos, y quizás hasta encontrarás algo positivo en ellos al cabo del tiempo.

Para ello prueba a hacer el siguiente ejercicio, llamado *Mapping Life*:

1. Haz una línea de tiempo de tu vida. Desde el nacimiento hasta ahora. Marca todos los eventos claves en tu vida en la línea. Todos y cada uno de los momentos que cambiaron tu vida, los que han marcado un antes y un después.

2. Escribe los grandes momentos, los éxitos, encima de la línea del tiempo.

3. Escribe los retos, las tragedias, los fracasos por debajo de la línea del tiempo.

4. Examina los eventos que estén bajo la línea, y escribe sus efectos positivos sobre la línea. Por ejemplo: si alguien cercano murió, un efecto positivo podría ser que ahora valoras más tu propia vida. O quizás te echaron de un trabajo y esto te abrió las puertas a un trabajo aún mejor que tienes ahora.

93

Contrata a un coach

"Da lo mejor de ti mismo… porque eres todo lo que hay de ti."
Ralph Waldo Emerson

Después de tener un gran impacto en la vida empresarial, el coaching también se está volviendo más y más accesible para las personas privadas en la forma de coaching personal o *life coaching*. Muchas personas tienen la idea errónea de que solo contratas a un *coach* cuando algo va mal, pero algunas personas como el Director Ejecutivo de Google, Eric Schmidt, contratan a *coaches* para mejorar aún más o para tener un socio neutral, objetivo, con el que comentan sus ideas y que los mantiene con los pies en la tierra.

Un *coach* puede ayudarte a alcanzar claridad sobre lo que realmente quieres en la vida, darte ánimo para seguir adelante cuando normalmente te detendrías, para definir mejores y más gratificantes objetivos, para obtener resultados con mayor facilidad y rapidez, para superar el miedo, para comunicarte de manera mucho más eficaz, para experimentar un desarrollo personal más rápido, para superar los hábitos de autosabotaje, para encontrar tu verdadero propósito, y para vivir en consonancia con tus valores reales. Durante el proceso de coaching, aprenderás a asumir la responsabilidad de todo en tu vida y a tomar mejores decisiones.

El coaching logra resultados extraordinarios porque tú y tu *coach* os convertís en equipo, centrándoos en tus metas y logrando más de lo que lo harías solo. Tomas más acción, piensas en grande y cumples tu trabajo por el compromiso que adquieres con tu *coach*. Un *coach* sabe cómo ayudarte a tomar mejores decisiones, a establecer los mejores objetivos y a reestructurar tu vida profesional y personal para una máxima productividad.

El coaching funciona porque saca lo mejor de ti. Un *coach* está capacitado para ayudarte a encontrar tus propias mejores respuestas y te va a apoyar en el curso de ese proceso. El coaching se realiza, generalmente, durante sesiones semanales regulares, que duran entre 30 y 60 minutos, y que se pueden realizar por teléfono, por videoconferencia o en persona. En cada sesión, el *coach* y el cliente (*coachee*) trabajan en los objetivos del *coachee*, creando opciones y estableciendo un plan de acción para sus próximos pasos. Mientras se trabaja hacia la meta del *coachee*, también se trabaja en su desarrollo personal.

Puedes encontrar *coaches*, por ejemplo, en los directorios de Internet de *Coach U* o de la *International Coach Federation* (ICF). La mayoría de los *coaches* ofrecen sesiones estratégicas gratuitas. Así es como tú y tu *coach* llegáis a conoceros y averiguáis si os sentís cómodos trabajando juntos, porque la química es crucial en una relación de coaching.

No hay garantía de que el coaching **funcione. Tu éxito depende de ti.** Desde mi experiencia, puedo decir que los *coachees* que asisten a sus sesiones están comprometidos con su proceso de coaching, hacen su trabajo y llegan a tener éxito en sus empeños. Por eso, incluso ofrezco, bajo determinadas condiciones, una garantía de 30 días de devolución de dinero.

94

Vive tu vida plenamente AHORA

"No insistas en el pasado, no sueñes en el futuro,
concentra la mente en el momento presente."
Buda

La mayoría de nosotros vivimos como si tuviéramos todo el tiempo del mundo. Estamos tan ocupados en ir tras los grandes placeres de la vida que nos olvidamos de los pequeños.

¿Cuándo vas a empezar a cuidar mejor de ti mismo, a hacer ejercicio, aprender algo nuevo, A hacer las cosas que siempre quisiste hacer, pasar más tiempo con tu familia? ¿Mañana? ¿La próxima semana? ¿El próximo lunes? ¿El mes que viene? ¿Cuándo ganes la lotería? ¿Cuando tengas otro trabajo? ¿Cuando el siguiente proyecto esté terminado? Sí, lo sé. Hay tantas otras cosas que tienes que hacer ahora mismo. Simplemente, no tienes tiempo.

Mucha gente nunca descubre el sentido de la vida hasta que es demasiado tarde, cuando están a punto de morir. Bronnie Ware, una enfermera australiana que acompañaba a los moribundos, anotó sus cinco principales arrepentimientos:

1. *Ojalá hubiera tenido el coraje de vivir una vida fiel a mí mismo, no la vida que otros esperaban de mí.*

2. *Ojalá no hubiera trabajado tan duro.*

3. *Ojalá hubiera tenido el coraje de expresar mis sentimientos.*

4. *Ojalá me hubiera mantenido en contacto con mis amigos.*

5. *Ojalá me hubiera permitido ser más feliz.*

No esperes más. Vive tu vida plenamente. Hazlo AHORA.

Recuerda que el fracaso es solo *feedback*, que los problemas son oportunidades para crecer. Haz las cosas que siempre quisiste hacer. No las pospongas más. No luches contra la vida. Deja que fluya porque, como dice Paulo Coelho, "un día despertarás y no habrá más tiempo para hacer las cosas que siempre has querido hacer. Hazlas ahora".

Steve Jobs lo expresaba de esta manera:

"Recordar que voy a morir pronto es la herramienta más importante que he encontrado para ayudarme a tomar las grandes decisiones de mi vida. Casi todo —todas las expectativas externas, todo el orgullo, todo temor a la vergüenza o al fracaso—, todo eso, desaparece ante la muerte, quedando solo lo que es verdaderamente importante.

Recordar que vas a morir es la mejor manera que conozco para evitar la trampa de pensar que tienes algo que perder. Ya estás desnudo. No hay ninguna razón para no seguir tu corazón. Nadie quiere morir. Incluso la gente que quiere ir al cielo no quiere morir para llegar. Y, sin embargo, la muerte es el destino que todos compartimos. Nadie, jamás, ha escapado de ella, y así es como debe ser, porque la muerte es, posiblemente, el mejor invento de la vida. Es el agente de cambio de la vida. Retira lo viejo para hacer sitio a lo nuevo."

Cada día trae consigo oportunidades que te acercan más a lo que quieres, cada día contribuye al resultado final. No permitas que estas oportunidades pasen. No necesitas meses o años para cambiar tu vida; la cambias paso a paso, día a día, a partir de AHORA MISMO. Los resultados, sin embargo, los verás al cabo de meses y años.

Hazte un favor y empieza a vivir AHORA, no después de que los niños se hayan ido de casa, después de haber terminado el proyecto siguiente, después de haber comprado el nuevo coche, después de haberte trasladado a la casa nueva, o después de haber conseguido un aumento de sueldo en el trabajo. No seas una de esas personas que dicen que no tienen tiempo pero pasan 30 horas a la semana frente a la televisión, jugando a videojuegos, o saliendo de fiesta.

Haz las cosas que siempre has querido hacer. Planifícalas AHORA.

Pasos de acción:

Haz una lista de 5 cosas que siempre has querido hacer, y ponles una fecha:

1. _____ Fecha: _____

2. _____ Fecha: _____

3. _____ Fecha: _____

4. _____ Fecha: _____

5. _____ Fecha: _____

Sobre el autor

Marc Reklau (Esslingen am Neckar, Alemania, 1973) es coach y experto en crecimiento personal. Tras un viaje increíble y enriquecedor que le llevó de su país natal a Estados Unidos, México y España, acabó encontrando su vocación, el coaching.

Su base de operaciones actual es la hermosa ciudad de Barcelona.

La misión de Marc es ayudar a las personas a crear la vida que quieren y darles los recursos y herramientas para que esto ocurra.

Ha investigado, estudiado y aplicado los principios y secretos del éxito y de la felicidad durante miles de horas.

Su mensaje es simple: "Muchas personas quieren cambiar las cosas en su vida, pero pocos están dispuestos a hacer un simple conjunto de ejercicios constantemente durante un período de tiempo. Puedes planificar y crear el éxito y la felicidad en tu vida mediante la instauración de hábitos que te apoyen en el camino hacia tu meta."

Puedes obtener más información sobre Marc en su página web www.marcreklau.com, o puedes contactar con él por los siguientes medios:

E-mail: marc@marcreklau.com

Facebook: http://www.facebook.com/marcreklaucoaching

Twitter: @MarcReklau

Notas

Utiliza las páginas siguientes para escribir las respuestas y los ejercicios propuestos a lo largo del libro.